Historische Berufsbilder

Der Bibliothekar

Gottfried Rost

Der Bibliothekar

Schatzkämmerer oder Futterknecht?

Edition Leipzig

Schutzumschlagmotiv:
Mittelalterliche Schreibstube,
Miniatur aus Cod. 2572 f 1r, um 1480/1490
Österreichische Nationalbibliothek, Wien.

Einbandmotiv:
Gelehrter der Spätgotik. Holzschnitt.
Vor dem Dargestellten steht ein Kastenpult,
links von ihm ein Lesepult mit schwenkbarem Schaft,
darauf das aufgeschlagene Buch mit einem Zeilenhalter.
Aus: Keisersperg, Johannes: Das Buch der Sünden des Munds.
Straßburg, 1523.
Museum für Kunsthandwerk, Frankfurt a. M.

Frontispiz:
Die Sonne. Holzschnitt von Frans Masereel.

Rost, Gottfried:

Der Bibliothekar: Schatzkämmerer oder Futterknecht? /
Gottfried Rost. – 1. Aufl. – [Leipzig] : Edition Leipzig, 1990.
– 200 S.: 60 Ill.
(Historische Berufsbilder)
ISBN 3-361-00265-6

Lizenznummer: 600/51/90
Gestaltung: Traudl Schneehagen
Lektor: Birgitt Jäger
Gesamtherstellung: Interdruck
Graphischer Großbetrieb Leipzig
Printed in the
German Democratic Republic
Bestell-Nr.: 5947417
ISBN: 3-361-00265-6

Inhalt

6

Brief des Königs von Alaschija an den König von Ägypten
(um 1380 v. u. Z.). Keilschrift auf gebranntem Ton,
gefunden in Tell-el-Armana.
Staatliche Museen zu Berlin, Vorderasiatisches Museum.

Dem geneigten Leser zur Einstimmung

Der Bibliothekar, unter wechselnden Bezeichnungen einer der ältesten Berufe der Menschheit, hat zu keiner Zeit die Transparenz anderer geschichtsträchtiger Gewerbe erreicht. Die Details seiner Berufsarbeit überfordern offensichtlich die landläufige Vorstellungskraft. Trotz prominenter Laudationen, die das Buch mit Essen und Trinken in die Reihe elementarer Lebensbedürfnisse stellen, hinkt die Lektüre im realen Vollzug beträchtlich nach. Lesen ist keine angeborene Fähigkeit des Menschen. Selbst wer das Buch als Lebenspartner akzeptiert, hat unter Umständen Mühe, den Bibliothekar von seinen nominellen Verwandten Biblioklast (Buchzerstörer), Bibliomane (krankhafter Buchsammler), Bibliopath (erkrankt durch Lektüre), Bibliophag (Lektürebesessener), Bibliophile (Bücherfreund), Bibliophobe (ängstigt sich vor Büchern), Biblioskop (durchblättert Bücher, ohne zu lesen), Bibliotaph (verheimlicht Buchbesitz) und Biblioverser (zweckentfremdet Bücher) zu unterscheiden. Erschwerend tritt hinzu, daß der Bibliothekar, wie Veteran und Veterinär im Turngedicht von Joachim Ringelnatz, mit einem von diesen in der individuellen Veranlagung deckungsgleich sein kann.

An sich ist es normal, daß nicht allen Erscheinungen des Alltags mit gleicher Intensität nachgegangen wird. Wer fragt beim Genuß von Marmelade allsogleich nach den Umständen und den Mitwirkenden ihrer Herstellung? Allerdings wird Marmelade unter der Prämisse gegessen, daß sie nicht in Gläsern auf

Bäumen wächst und ihre Produzenten sich nicht im Verzehr von Marmelade erschöpfen.

Ein solches Allgemeinwissen kann der Bibliothekar über seine Tätigkeit nicht voraussetzen. Ihm wird vielmehr vorgehalten, das Buch käme als fertiges Produkt – verfaßt, gedruckt, gebunden – in die Bibliothek und brauchte hier nur gelagert und gelegentlich ausgeliehen zu werden. Ansonsten läse der Bibliothekar, was ihm nur Gutmütige als Arbeit anrechnen könnten.

Die um Versachlichung bemühte Erklärung, nach dem Wortsinn des griechischen Ursprungs sei die Bibliothek ein Behälter für Bücher und der Bibliothekar die Person, die mit und in einem solchen Behältnis agiert, wirft unter Skeptikern eher neue Fragen auf, als daß sie alte beantwortet, zum Beispiel die, weshalb der ebenfalls in einer »theka« wirkende Apotheker sich nicht auch weihevoller mit Apothekar titulieren läßt. Die Evidenz dieser Frage ruht auf wenigstens drei Pfeilern:

- der Apotheker ist sprachlich aus dem »apothecarius« hervorgegangen;
- Kurfürst Friedrich Wilhelm von Brandenburg ließ 1661 seine Hausbibliothek im Apothekenflügel des Berliner Schlosses errichten;
- Bibliotheken sollten lieber nach Krankheiten als nach Ressorts eingeteilt werden, weil das Buch ein Heilmittel und die Bibliothek eine Apotheke sei, meint eine Romanfigur aus Edward George Bulwers Roman »The Caxtons«.

Der Apotheker wird in seiner Tätigkeit leichter durchschaut als der Bibliothekar und daher vom Volksmund auch zutraulicher angesprochen. Keiner geht davon aus, daß der Apotheker alle von ihm gelagerten Arzneien auch seinem eigenen Leibe zuführt. Jeder weiß, daß solcher Eigennutz die Apotheke leeren und ihrem Zweck entfremden würde. Das einzelne Medikament bezahlt seine Wirkung mit der Zerstörung seiner körperlichen Kontur. Anders das Buch. Es löst sich durch den auf seine spezifische Wirkung zielenden Gebrauch nicht auf. Das Buch lebt aus der Doppelnatur von Körper und Geist, die beide bei zivilisierter Behandlung zur Unsterblichkeit prädestiniert sind. Über die Unsterblichkeit des Geistes ist hinreichend philosophiert worden. Die Unsterblichkeit des Körpers wird im allgemeinen nur über den Weg der Reinkarnation gedacht. Der Bibliothekar aber hat die Unsterblichkeit des Buchkörpers zu seiner praktischen Philosophie erhoben und durch strikte Domestikation des Buches allen Zeitgewalten zum Trotz im Prinzip auch realisiert. Offensichtlich wegen dieses historischen Verdienstes hat die Sprache bei all ihren Laut- und sonstigen Verschiebungen den Bibliothekar geschont und ihn nicht zum Bibliotheker generiert.

Der Verfasser dieses Buches hat nicht nur den als indifferent oder gar als vorurteilsvoll angenommenen Leser freundlich zu stimmen, sondern auch die Kenner der Materie, insonderheit seine Schwestern und Brüder im bibliothekarischen Amt. Er hofft auf ihre kollegiale Nachsicht, die Hemmschwelle seiner Skrupel überschritten und sich wie ein Hofhund produziert zu haben, der, einmal von der Kette gelassen, einem Urinstinkt folgt und dem Hasen nachsetzt, ohne für die Jagd abgerichtet zu sein. Bestehen bleiben wird unter ernsten Zunftgenossen der Vorwurf, den Beruf nicht, wie von einem Bibliothekar zu erwarten, in seinen historischen und soziologischen Dimensionen weitausholend und tiefschürfend bloßgelegt, sondern mit feuilletonistischem Flitter bekleidet zu haben. Wer nicht nur von Bibliothekaren gelesen werden soll und will, muß mit diesem imaginären Makel leben.

Empfindlicher träfe den Autor eine Empörung von Kolleginnen, die ihren Beruf nur in der männlichen Form angesprochen finden. Dies gründet nicht auf dem historischen Umstand, daß das faktische Matriarchat in den Bibliotheken erst eine Errungenschaft des 20. Jahrhunderts ist und die eigentliche Aufmerksamkeit dieses Buches früheren Zeiten gilt, sondern ist der Verwendung der Berufsbezeichnung als ambivalentes Substantiv geschuldet, das beispielsweise auch die Anrede »Frau Doktorin« verwehrt.

»Gedächtnis ist Sache des Herzens«: Goethe hat es so formuliert,
und in Bibliotheken scheint mir, will sich das Wort vorzüglich bestätigen,
auf eine heitere, gelassene, wohltemperierte Weise.

Albrecht Goes

Dieses Buch entbehrt der lorbeerträchtigen Hand eines Schriftstellers ebensosehr wie der problembewußten Ausdauer des Bibliothekars, der, wenn es die Situation erfordert, ein mehrstündiges Referat über Geschichte und Funktion des dreigeteilten Leihscheins unter besonderer Berücksichtigung der automatischen Ausleihverbuchung, bei der eben dieser in seine Bestandteile getrennte Leihschein auf drei Bildschirmen gleichzeitig sichtbar gemacht werden möchte, zu halten imstande ist.

Dieses Buch kann und will nicht mehr, als in der Nacht des Unverständnisses, in die sich der Bibliothekar allzuoft gestellt sieht, wenn schon nicht Erleuchtung, dann wenigstens Dämmerung verbreiten.

Die vierundzwanzig Herren

Sind vierundzwanzig Herren,
die die Welt regieren,
sie essen kein Brot
und trinken keinen Wein.
Was mögen das für Herren sein?

So fragt ein altes Bauernrätsel und meint die in wechselnder Anzahl ein Alphabet bildenden Buchstaben. Gewiß war dem Sprüchemacher von ehedem bekannt, daß ganz andere Mächte als die Herren Buchstaben sein alltägliches Geschick bestimmten, so wie auch Friedrich Schiller wußte, daß die Axt im Haus allein noch keinen Zimmermann ersetzt. Wenn schon zu Regenten erhoben, dann sind die »Herren Buchstaben« mit Monarchen zu vergleichen, die in ihrer Thronrede die Meinung des Premierministers verlesen.

Die »Regierungszeit« der Buchstaben begann, als Gespräche und mündliche Überlieferungen allein nicht mehr für die menschliche Kommunikation und die Bewahrung von Wissen und Erfahrung ausreichten. Zu verschiedenen Zeiten entstanden verschiedenartige Zeichensysteme, um die menschliche Sprache abzubilden und Gesprochenes festzuhalten. Die Buchstabenschrift mit ihren einfachen, nur auf einen Laut bezogenen Strichzeichen hat sich gegenüber der Ideen-, Wort- und Silbenschrift durchgesetzt. Die Einzellautschrift entstand im zweiten Jahrtausend vor unserer Zeitrechnung. Unser Alphabet fußt auf der semitischen Buchstabenschrift.

500 Jahre nachdem Johannes Gutenberg die »Herren Buchstaben« als bewegliche Lettern in den Dienst einer rapiden Vermehrung gestellt hat, versagen Futurologen dem Buch eine Zukunft und setzen auf elektronische Datenverarbeitung und Video. Beide Kinder des technischen Fortschritts empfehlen

Der Uhu. Sinnbild der Wachheit.
Zeichnung von Celestino Piatti.

sich als die günstigere Variante der Vermittlung von Bildung und Wissen und sind dem Buch auch an Schnelligkeit des Erscheinens und punktueller Aussage überlegen. Das mühsame Erlesen einer Erkenntnis entfällt. Ein Knopfdruck holt die gewünschte Information von magnetisierten Scheiben, auf denen sie ein Vordenker »mundgerecht« untergebracht hat.

Die »Herren Buchstaben« überstehen diese technologische Wende. Sie müssen sich allerdings eine Digitalisierung, eine elektronische Zerlegung, gefallen lassen, um im Speicher überleben zu können, aus dem sie dann in der ursprünglichen Form wieder zurückgerufen werden und für das Wiederlesen unentbehrlich bleiben.

Weder der Wissenschaft noch der Technik soll das Recht bestritten werden, im Interesse ihres effektiven Fortbestandes schnelle, direkte und auf Fakten beschränkte Informationen zu fordern. Gefährlich ist nur die Suggestion, der moderne Mensch müsse sich, um im Schrittmaß seiner Zeit zu bleiben, aus reiner, aktueller Zweckerwägung informieren und dabei den Ballast des gedruckten Wortes abwerfen. Das Komprimat »Faust heiratet Gretchen nicht« informiert zwar zutreffend über einen Sachverhalt, erfaßt aber nicht die Essenz, um derentwillen Goethe seinen »Faust« schrieb. Auch Videotechnik kann Bildung und Gesittung des Menschen fördern. Aber dort, wo sie ihr Fähnlein mit kommerziellem Eifer am Hang der Bequemlichkeit des Menschen aufpflanzt und darauf ausgeht, eine verführerische Alternative zur Anstrengung des Lesens und zur Mühe des Nachdenkens zu verkaufen und das Bild, das sich jeder selbst machen sollte, fertig ins Haus zu liefern, lauert ein neuer Analphabetismus. Das Bild ist ohnehin ein Favorit des eiligen Menschen. Statt sich in die Schönheit der Natur oder eines Gebäudes zu vertiefen, wird der Auslöser gedrückt und die Zeit der möglichen Betrachtung »zweckmäßigerweise« für fünf weitere Fotos verwendet. Vielleicht wird diese Erscheinung einst von der Philosophie als subjektiver Optizismus (Leben ist nur eine Quantität optischer Eindrücke) geortet. Physiologen und Psy-

Eng und einsam wird ein Leben, das nicht mehr als sich enthält.
Lernst du erst, dich hinzugeben, wird dir jedes Buch zur Welt.
Stefan Zweig

chologen wissen seit längerem, daß der Mensch nur eine wohldosierte Anzahl von Bildern und Eindrücken verarbeiten kann. Hier leuchtet die Menschenfreundlichkeit des gedruckten Wortes auf. Das tolerante Buch unterwirft sich dem Rhythmus seines Lesers, paßt sich seiner Denkgeschwindigkeit an und läßt der Phantasie den Spielraum, das gedruckte Wort in eine eigene Vorstellungswelt einzubringen. In zeitgemäßer Abwandlung müßte das alttestamentliche Verbot (Exodus 20,4) lauten: »Du sollst dir kein Bild machen lassen.«

Wer meint, das Buch als geistigen Ballast abwerfen zu müssen, beschneidet den Menschen in existentiellen Fähigkeiten, die er sich im Laufe der Jahrhunderte mühsam erworben und erhalten hat und die fortwährend gepflegt sein wollen, um nicht zu verkümmern.

Im Geschwindschritt von Chattuscha bis Treuenbrietzen

Eine Pflanze stand Pate Gemessen an anderen Erscheinungsformen wie etwa dem Theater, das bereits am Ausgang der Gentilordnung seinen festen Platz als gestampfte Tanzfläche in der Siedlungsgemeinschaft hatte, treten die Bibliotheken relativ spät in die Kulturgeschichte ein. Älter als ihr Name, der auf Kretinos den Jüngeren im 4. vorchristlichen Jahrhundert zurückgeht, sind die Bibliotheken freilich. »Biblion« (das Buch) ist abgeleitet aus »byblos«, der Bezeichnung für die Papyruspflanze. Die alten Ägypter fertigten nach bildlichen Überlieferungen bereits im 4. und 3. Jahrtausend aus dem Mark der Papyruspflanze, das sie aus kreuzweise übereinandergelegten Streifen zu Blättern preßten und klopften, ihre Buchrollen als Beschreibstoff. Neben und zum Teil auch schon vor dem Papyrus waren Ton, Tierhäute, Scherben und Wachstafeln als Schriftträger in Gebrauch. Die Sumerer benutzten den Ton bereits Ende des 4. Jahrtausends als Beschreibstoff. Die Schriftzeichen wurden in feuchte Tontafeln verschiedener Formate eingedrückt, durch Sonnenbestrahlung oder Feuer dauerhaft gehärtet und sind nach Jahrtausenden noch lesbar.

Am Gelehrtenstreit, welches nun die älteste Bibliothek der Menschheitsgeschichte ist, wollen wir uns nicht beteiligen. Längst nicht alle versunkenen Kulturen sind ans Tageslicht gehoben worden, so daß die Zuweisung des Primates immer relativ bleibt. Wieviele Bücher notwendig sind, um als Bibliothek angesprochen werden zu können, ist primär keine Frage der

Menge, sondern der Qualität und Zweckbindung ihrer Aufstellung und ob eine ordnende Hand (was wäre ein Wald ohne Förster?) diese Ansammlung prägt. Ein steinernes Zeugnis solchen Ordnungssinnes besitzen wir von der altägyptischen Bibliothek des Horustempels in Erdfu; der Katalog ist in die Wände unvergänglich eingeritzt. Daß Bibliothekare keinem profanen Geschäft nachgehen, ist bereits in den Steinwänden dieser Bibliothek, in der Vorrede zum Katalog, festgeschrieben: »Ich komme zu Dir, Horus von Hut, Großer Gott, Herr des Himmels, und zu den Göttern von Hut. Ich bringe Euch zahlreiche Truhen mit Büchern und großen Rollen von geweihtem Leder.« Was macht es da, daß auf diese weihevolle Widmung nur 37 Titelnachweise folgen. Das Erhabene zählt. Schließlich verehrten die alten Ägypter in Thot und Seschat zwei spezielle Bibliotheksgötter.

Die kostbaren Tafeln Als Charles-Marie Texier 1834 bei dem türkischen Dorf Boğazköy nach Überresten der römischen Stadt Tavium suchte, stieß er auf Mauern, die sich nicht in den römischen Kulturkreis einordnen ließen. Dieser Fund wurde später als die Hauptstadt des Hethiterreiches Chattuscha (nach dem Herrscher Chattuschili) aus dem 14. vorchristlichen Jahrhundert identifiziert. Die Ausgrabungen förderten auch eine umfangreiche Tontafelsammlung zutage. Drei Merkmale erlauben uns, bei diesem Fund von einer Bibliothek zu sprechen: Erstens wurden nicht nur offizielle Dokumente wie Urkunden, Verträge und Berichte, in unserem Sinne Archivgut, sondern auch mythologische Texte, also Literaturdenkmäler, gefunden. Zweitens waren die längeren Aufzeichnungen auf durchnumerierten Serien von Tontafeln (zu »Büchern«) zusammengefaßt, wobei auf der vorangehenden Tafel die Anfangsreihe der nächsten, die Seriennummer und auch die Serienbezeichnung stehen. Drittens wurden Name, Beruf und Wohnort des Schriftstellers und, bei unvollständiger Abschrift, die fehlenden Textstellen angegeben.

Auf welche Weise der Bestand der Bibliothek von Chattuscha zusammengetragen worden ist, blieb unbekannt. Hingegen ist die »Bibliothekspolitik« des 700 Jahre später lebenden assyrischen Königs Assurbanipal überliefert. Seine Leute hatten die im Lande vorhandenen Tontafeln aus Privatbesitz zu erwerben oder Abschriften anfertigen zu lassen. In einem Brief Assurbanipals an den Beamten Schadanu heißt es: »Die kostbaren Tafeln, deren Abschriften in Assyrien nicht vorhanden sind, sucht und bringt sie mir! Jetzt habe ich an den Tempelvorsteher und den Bürgermeister von Borsippa geschrieben, du, Schadanu, sollst die Tafeln in deinem Vorratshaus verwahren, und niemand soll die Tafeln vorenthalten. Wenn ihr von irgendeiner Tafel oder von einem Ritualtext findet, so suchet, nehmet und sendet ihn her!« Durch dieses systematische Vorgehen errichtete Assurbanipal eine Bibliothek, die das Wissen der damaligen Zeit dokumentiert. Neben Werken der Magie, der ein großer Einfluß auf das öffentliche Leben zugeschrieben wurde, sind in der Bibliothek von Ninive auch die Medizin, die Philosophie, die Astronomie, die Mathematik, die Philologie und natürlich auch die nachmalige Weltliteratur vertreten, letztere u.a. mit dem Gilgamesch-Epos, einer Schöpfung der Sumerer. In einer Tontafelunterschrift der Bibliothek von Ninive ist zu lesen, daß er, Assurbanipal, »zum Gedächtnisse und um die Tafel besichtigen zu können«, dieselbe »schreiben, revidieren und in seinem Palaste aufstellen« ließ. Ein Diebe abschreckender Besitzvermerk lautet (rekonstruiert): »Palast Assurbanipals, des Königs der Welt, des Königs von Assyrien ... Wer immer die Tafel wegnimmt oder seinen Namen neben meinen Namen schreibt, den mögen Assur und Ninlil zornig und grimmig stürzen und seinen Namen, seinen Samen im Lande vernichten.« Als Layard und Hormuzd Rassam in der Mitte des 19. Jahrhunderts die Bibliothek von Ninive in Kujundschik mit ihren 26000 Tontafeln und Tafelbruchstücken ausgruben und dem Britischen Museum übergaben, lagen Zeugnisse vor, die bis ins 21. Jahrhundert zurückreichten.

Bibliotheken, sofern man sie pflegt, stiften praktischen Nutzen. Die Weltuntergangsstimmung, die das Erscheinen des Halleyschen Kometen im Mittelalter auslöste, wäre durch die Lek-

Es sind die Bibliotheken,
die das Gedächtnis der Menschheit darstellen.
Sie bilden unser Bewußtsein.
Günter Weisenborn

türe von zwei babylonischen Tontafeln zu vermeiden gewesen. Auf ihnen sind seine sonnennächsten Bahnpunkte aus den Jahren 164 und 87 in ihrer zyklischen Wiederkehr bereits notiert.

Die Rolle der Rollen An den alten Griechen bewundern wir die Einheit von Philosophie, Kunst und Wissenschaft, die Einseitigkeit in der geistigen Betätigung verhinderte und bei allem Erkenntnisdrang immer wieder moralische Reflexion gebot. Die Existenzgrundlagen des altgriechischen Bibliothekswesens sind die im 5. vorchristlichen Jahrhundert erblühte Dichtkunst, insbesondere mit den heute noch gespielten Dramatikern Aischylos, Sophokles, Euripides und Aristophanes, und die philosophische und wissenschaftliche Literatur des 4. Jahrhunderts mit ebenfalls noch aktuellen Repräsentanten wie Sokrates, Platon und Aristoteles, der auch eine bedeutende Privatbibliothek besaß. Auf dieser literarischen Produktion gründeten die ersten Büchersammlungen der Hellenen. Nach Alter, Umfang und Wert ragt aus ihnen die Bibliothek von Alexandria hervor, im Museion, einer

Hebräische Esther-Rolle im Silbergehäuse. Deutsche Bücherei, Deutsches Buch- und Schriftmuseum, Leipzig.

alexandrinischen Gelehrtenschule, vom Fürsten Ptolemaios II. Philadelphos errichtet. Die im Lande und darüber hinaus vorhandenen Buchrollen wurden systematisch ermittelt, durch Gelehrte gesichtet und ausgewertet und, wenn sie der kritischen Prüfung standhielten, kopiert. Auch die nachfolgenden Herrscher trieben zum Sammeleifer an, ließen fleißig abschreiben, so daß am Ende (und das ist wörtlich zu nehmen; denn bei der Eroberung Alexandrias durch Gajus Julius Cäsar ging die Bibliothek in Flammen auf) in 700 000 Rollen eine Dokumentation des griechischen Schrifttums dieser Zeit vorlag. Auch der vom Bibliothekar Kallimachos angefertigte Katalog – die Pinakes – zu dieser einzigartigen Büchersammlung, der 130 »Bände« in einer Sachgruppenordnung und biographischen Angaben zu den Schriftstellern umfaßte, ist nur aus zeitgenössischen Berichten bekannt, die in anderen Bibliotheken überlebten.

Die Bibliothek von Alexandria, als Gedächtnis der literarischen Leistung der Menschheit gedacht, ist nur durch die Literatur in Erinnerung geblieben, entsprechend ihrer Bedeutung in

Gesamtansicht der etwa 115 errichteten Celsusbibliothek von Ephesus nach Aufstellung der geborgenen Baustücke. Österreichisches Archäologisches Institut, Wien.

mehreren Quellen. Ein 1914 aufgefundener Papyrus von Oxyrhnchos nennt die Namen der Gelehrten, die der Bibliothek bis 145 vor Christus vorstanden: Zenodotos, Aristophanes von Byzanz und andere. Galenos meldet den ersten Verstoß gegen die Leihverkehrsordnung der Bibliotheken: Unter Ptolemaios III. Euergetes wurde ein aus Athen entliehenes Original der großen Tragödiendichtungen einbehalten und nur als Kopie wieder zurückgeschickt, was den Verfall der Kaution von 15 Talenten nach sich zog. In der altgriechischen Geldordnung bestand ein Talent aus 60 Minen zu 100 Drachmen. Von Plutarch wissen wir, daß Solon eine Drachme im Wert einem Schaf bzw. einem Scheffel Getreide gleichsetzte. Selbst unter Berücksichtigung der »Inflationsrate« vom 6. bis ins vorchristliche Jahrhundert kostete dieses Vergehen ein Vermögen.

Eine Anschauung der Architektur antiker Bibliotheken vermittelt die im 2. Jahrhundert erbaute Bibliothek von Ephesus, die, offenbar durch ein Erdbeben zerstört, vom Österreichischen Archäologischen Institut 1903 bis 1905 ausgegraben wurde.

Im alten Rom entstanden die ersten Buchkollektionen aus im Krieg erbeuteter griechischer Literatur. Die römischen Heerführer L. Aemilius Paulus, Sulla und Lucullus brachten die Bücher von Feldzügen mit und stellten sie in ihren Häusern auf, eine noble Variante, gemessen an der Einäscherung von Alexandria.

Unter dem Einfluß der griechischen Kultur entstanden allmählich eine römische Literatur und Wissenschaft. Gegen Ende der Republik legten sich auch vornehme römische Zivilisten Privatbibliotheken zu und betrauten griechische Sklaven und Freigelassene mit ihrer Verwaltung. Berühmt sind die Büchersammlungen von Cicero, Vergilius und M. Terentius Varro, der als erster großer Gelehrter Roms gilt, nicht nur, weil er eine Abhandlung über die Bibliotheken (»De bibliothecis«) geschrieben hat. Die Idee, in Rom staatliche Büchersammlungen einzurichten, stammt von jenem Julius Cäsar, der die Zerstörung des Museion nicht verhindert hatte. Als älteste öffentliche Bibliothek der Hauptstadt Rom gilt die Gründung des Asinius Pollio im

Atrium Libertas aus dem Jahre 39 v. Ch. und als bedeutendste die durch Kaiser Ulpius Traianus errichtete Ulpia. Zur Zeit des Kaisers Konstantin des Großen wurden in Rom 28 öffentliche Bibliotheken gezählt. Dazu kamen noch Provinzbibliotheken in Italien, Sizilien, Nordafrika und Gallien.

Der alte ägyptische Brauch, Büchersammlungen im Tempelbezirk unterzubringen, lebte in der griechisch-römischen Antike fort. Die römischen Kaiser variierten dieses Prinzip, indem die Bibliotheken nicht mehr einem fernen Gott, sondern dem Kult

Die Fassade der Celsusbibliothek in Ephesus.
Rekonstruktionsskizze von Wilhelm Wilberg.
Österreichisches Archäologisches Institut, Wien.

des vergöttlichten Herrschers geweiht wurden. Auch die als selbständige Anlage, hauptsächlich in Verbindung mit dem Lehrbetrieb der Stoa, geschaffenen Bibliotheken besaßen im Heroon, dem säulenumgebenen Hof vor dem Bibliothekssaal, ein Zeugnis religiöser Weihe. Es mußte nur darauf geachtet werden, daß die richtige Herrscherstatue auf dem Sockel stand; denn der Kult änderte sich.

Für die Leitung und Verwaltung der Bibliotheken waren Gelehrte, für Abschriften, Buchpflege, Heraussuchen und Wiedereinstellen der Rollen Sklaven zuständig, eine Arbeitsteilung, die sich im Prinzip unter anderem Namen bis heute erhalten hat (ein Bibliothekshistoriker des 20. Jahrhunderts unterscheidet feinsinniger zwischen Personal und Unterpersonal). Zur bibliothekarischen Tätigkeit des Gelehrten gehörten comparare (Anschaffen), supplere (Ergänzen unvollständiger Werke), commutare (Ersetzen schlechter Exemplare), designare (Inhaltsbestimmung) und disponere (Ordnen). Cicero hat uns auch die Tätigkeitsmerkmale des »Unterpersonals« überliefert. Neben antiquarii (Abschreiben von Büchern) waren glutinare (Ausbessern der Rollen), indices (Anbringen der Titelschildchen) und sicherlich die Leserbetreuung seine Aufgabe.

Roms erste öffentliche Bibliotheken waren wie im griechischen Vorbild Gelehrten unterstellt. Später wurde ihre Verwaltung unter einem »procurator bibliothecarum Graecarum et Latinarum« zusammengefaßt. Während die griechischen Bibliothekssklaven im Ungewissen verschollen sind, haben sich aus dem ersten Jahrhundert die Namen kaiserlicher und stadtrömischer Sklaven, die den Titel »a bybliotheca Graeca (oder Latina) templi Apollonia« (oder »porticus Octaviae«) trugen, in Grabinschriften erhalten. Die Berufsbezeichnung »bibliothecarius« geht auf den römischen Kaiser Marc Aurel zurück, der sie im Jahr 144 zum ersten Mal in einem Brief verwendete.

In den antiken Bibliotheken wurden die um einen Stab gewikkelten Buchrollen (zwischen 20 und 30 cm hoch und 7 bis 8 m lang) in Holzkästen aufbewahrt, die teilweise in Wandnischen als Schränke (armaria) eingelassen waren. Aus den Rollen hingen, das Suchen erleichternd, die »tituli« heraus. Mitunter waren die Schränke numeriert. Vitruvius empfiehlt in seinem Werk »De architectura«, die Bibliotheken so anzulegen, daß die Morgensonne hineinscheinen kann, weil die Morgenstunden als bevorzugte Arbeitszeit galten. Die öffentlichen Bibliotheken hatten Präsenzcharakter. Die Ausleihe außer Haus blieb als Ausnahme von der Regel hochgestellten Persönlichkeiten vorbehalten.

Der Kodex an der Kette Der Kirchenlehrer Augustinus schrieb um 421 auf Wunsch eines ansonsten unbekannt gebliebenen Laurentius ein »Enchiridon«, ein »Handbüchlein und nicht einen Wälzer, der den Bücherschrank beschwert«. Die »Wälzer«, das waren theologische Werke, die seit dem 2. Jahrhundert auf die schriftliche Fixierung des Neuen Testamentes folgten und in Irenaeus von Lyon, Tertullian, Clemens Alexandrinus, Origines und in Augustinus selbst ihre hervorragenden Verfasser hatten. Wo geschrieben wird, möchte Geschriebenes sein. So entstanden an den Wohnsitzen dieser Fachschriftsteller Studienbibliotheken. Von Origines ist bekannt, daß er sich für eine solche Bibliothek in Caesarea sehr engagiert hat. Diese Sammlung altchristlicher Literatur ist auch buchgeschichtlich interessant. Hieronymus berichtet in einem Brief (nach 330), daß Kaiser Konstantin I. aus der Bibliothek von Caesarea 50 Bibeln in Kodexform bestellt habe, also mußten die Papyrusrollen in die neue Form der Pergamentkodexe umgeschrieben werden. Die Gemeindebibliotheken mit ihrem geringen Bestand waren meist in Kirchen untergebracht.

Die christlichen Bibliotheken der ersten Jahrhunderte standen auf einer schmalen literarischen Basis. Das antik-heidnische Schrifttum mit seiner Vielgötterei fand in der literarischen Kultur einer monotheistischen Religion keinen Platz. Den Christen fehlte auch die Oberschicht mit literarischen Bedürfnissen. Ihr Jesus von Nazareth war ein Mann der kleinen Leute und kein politischer Herrscher. Erst in der Regierungszeit Kaiser Konstantins I. (Mailänder Edikt von 313) erhielt das Christentum den Status einer gleichberechtigten Religion im römischen Reich. Die sozialen Voraussetzungen für die Entwicklung des Bibliothekswesens unter dem Christentum als Trägerinstitution wuchsen in dem Maße, wie sich bei der Kirche politische Macht ansammelte. Zunächst mußten die bei der Christenverfolgung zerstörten Kirchenbibliotheken wieder aufgebaut werden.

Ausgelöst durch wirtschaftlichen Ruin, Aufstände in den Provinzen und Invasionen der germanischen Stämme, zerbrach das einst mächtige Imperium. 395 wurde es endgültig in Ostrom und Westrom geteilt. Das Weströmische Reich ging 476 mit der Absetzung des Kaisers Romulus Augustulus durch den germanischen Heerführer Odoaker unter. Die im 5. Jahrhundert auf weströmischem Boden gegründeten Germanenreiche setzten der antiken Geisteskultur ein Ende. Ohne Byzanz (Konstantinopel, 330 von Konstantin gegründet, antiker Name: Byzantion), das sich schon vor der Teilung zum politischen und kulturellen Zentrum entwickelt hatte, wäre die Traditionslinie unterbrochen worden. In der byzantinischen Kultur mischten sich griechische und christliche Elemente. Die letzte der spätantiken kaiserlichen Bibliotheken wurde nach 353 in Byzanz gegründet. Sie bildete den Grundstock für die byzantinische Gelehrsamkeit, war Sammelstätte der christlichen Literatur, Rettungsinsel für antike Texte und ging mit dem Byzantinischen Reich bei der Eroberung durch die Türken 1453 unter. Die Plünderungen durch die Kreuzfahrer in den vorangegangenen Jahrhunderten schien sie gut überstanden zu haben.

In den oströmischen Gebieten traten die römischen Päpste (beginnend mit dem Pontifikat Gregors I. 590–604) politisch die Nachfolge der römischen Kaiser an. Die Päpste unterhielten im Lateranpalast in Rom die bedeutendste frühchristliche Kirchenbibliothek. Die heutige Vaticana geht allerdings nur der Intention nach auf diese Sammlung zurück; der alte Bestand verbrannte im 13. Jahrhundert.

Buchillustration aus dem »Codex Amiatinus«, entstanden zwischen 689 und 716 in den nordenglischen Klöstern Wearmout und Jarrow.
Biblioteca Medicea Laurenziana, Florenz.

Mit der Konsolidierung der kirchlichen Macht im 6. Jahrhundert wurden die Klöster die entscheidenden Bildungsstätten und die lateinische Sprache die ausschließliche Bildungsgrundlage. Der Gründer der ersten abendländischen Klosterbibliothek (540 in Vivarium in Süditalien), M. Aurelius Cassidorus, verpflichtete die Mönche in der Klosterregel zu wissenschaftlichen Studien und zum Sammeln und Abschreiben von Handschriften. Vor allem die Aktivitäten der irischen und angelsächsischen Mönche führten dazu, daß im 7. und 8. Jahrhundert fast jedes Kloster eine Schreibwerkstatt und eine Büchersammlung besaß.

Die Erneuerung des Kaisertums unter Karl dem Großen im 9. Jahrhundert brachte auch eine ordnende Hand in die kulturellen Zustände. Er zog Gelehrte an seinen Hof, verfügte die Sammlung kirchenrechtlicher Vorschriften, berühmter Predigten und der altdeutschen Heldenlieder, begründete eine Palastbibliothek, förderte die Schreibstuben der Klöster, die als Buchschrift die karolingische Minuskel verwendeten und auch zur Herstellung illuminierter Prachthandschriften übergingen. Unter seinen Nachfolgern setzte sich, soweit es die Einfälle der Normannen und Ungarn zuließen, diese günstige Entwicklung fort. Auch byzantinische Einflüsse wurden aufgenommen. Die berühmtesten Klosterbibliotheken des Hochmittelalters waren auf deutschem Boden St. Gallen (eine der wenigen, die bis in die Gegenwart überdauerten), Reichenau, Fulda, Weißenburg, Tegernsee, Regensburg; in Italien Monte Cassino; in Frankreich Tours (die produktivste Handschriftenwerkstatt); in England Winchester.

Die Kloster- und Dombibliotheken des hohen Mittelalters bestanden jeweils aus einigen Hunderten von Bänden mit fast ausschließlich kirchlicher Literatur in lateinischer Sprache. Die für den Gottesdienst bestimmten Texte wie Meß- und Gebetbücher enthielten reichen Buchschmuck. Die »Bücherpreise« der damaligen Zeit bescheinigen den Handschriften einen hohen Wert. Der Mönch Ulrich von Benediktbeuren erhielt 1074 vom Grafen Ulrich von Bozen als Gegenwert für ein Meßbuch einen Weinberg. Antike Autoren dienten vornehmlich als Muster für den rechten Gebrauch der lateinischen Sprache und wurden zum Unterricht in den aus der Antike übernommenen Sieben Freien Künsten in den Klosterschulen verwendet. Diese »artes liberales« waren im Altertum diejenigen Kenntnisse und Fertigkeiten, die einem freien Mann vorbehalten blieben im Gegensatz zu den »artes illiberales« der Sklaven. Die Sieben Freien Künste bestanden aus dem Trivium (Grammatik, Arithmetik und Geometrie) und dem Quadrivium (Musik, Astronomie, Dialektik und

Die vier Evangelisten. Palastschule Aachen, Anfang des 9. Jahrhunderts. Deutsche Bücherei, Deutsches Buch- und Schriftmuseum, Leipzig.

28

Psalterium Rudnicence. Böhmische Schreibschule Prag, Ende des 14. Jahrhunderts. Deutsche Bücherei, Deutsches Buch- und Schriftmuseum, Leipzig.

Rhetorik). Auch Texte der Freien Künste waren Hilfsmittel zum Studium der Heiligen Schrift, die »bibliotheca« genannt wurde und für die sich erst im 12. und 13. Jahrhundert das Wort »biblia« einbürgerte.

Benutzung und Verwaltung der Klosterbibliotheken sind bereits in den Ordensregeln der Mönche fixiert. Die Regel Benedikts verlangte im 32. Kapitel Inventare des klösterlichen Eigentums. Im 48. Kapitel heißt es: »Für diese Tage der Fastenzeit erhalte jeder ein Buch aus der Bibliothek, das er von Anfang an ganz lesen soll. Diese Bücher sind bei Beginn der Fastenzeit auszuteilen. Vor allem aber sollen einer oder zwei ältere Brüder bestimmt werden, die zu der für die Lesung bestimmten Zeit im Kloster umhergehen. Sie sollen nachsehen, ob sich nicht vielleicht ein träger Bruder finde, der seine Zeit durch Müßiggang oder Geschwätz verliert, anstatt eifrig zu lesen.« Für Verzeichnung und Betreuung der Handschriften war der Bibliothekar (armarius) zuständig. Umrahmt von liturgischen Zeremonien, erfolgte die Rückgabe der im vergangenen Jahr gelesenen Bücher in die Hand des Klostervorstehers, anschließend die Ausgabe der neuen Entleihungen, beides auf der Grundlage von Ausleihlisten (breve oder tabula, cartula, schedula, rotulus), die der Bibliothekar oder sein Gehilfe (armarius junior) anzufertigen hatten.

Isidor von Sevilla legte in seiner »Regula monachorum« fest, daß unachtsame Behandlung eines Buches als läßliche Sünde mit dreitägigem Ausschluß aus der Gemeinschaft zu bestrafen sei. Im Rituale der westgotischen Kirche ist die Amtseinführung des Bibliothekars liturgisch akzentuiert: Der Bischof überreichte dem Knieenden den Siegelring mit den Worten »Esto custos librorum et senior scribarum«. Dem Bibliothekar unterstand also auch das Skriptorium, in dem unter seiner Leitung die Handschriften unter absolutem Stillschweigen kopiert wurden. Selbst mündliche Anweisungen hatten außerhalb zu erfolgen.

Einzelne Klöster legten in ihrer Hausordnung präzise Dienstvorschriften für den Bibliothekar fest, so z. B. im 12. Jahrhundert das Augustiner-Chorherrenstift von St. Victor in Paris: »Zwei- bis dreimal im Jahr hat er den gesamten Bestand zu revidieren und dabei auf Schäden durch Ungeziefer und Nässe zu achten. Der Aufbewahrungsraum muß innen mit Holz verkleidet sein, um die Codices vor der Feuchtigkeit der Wände zu schützen.

Nonne vor Bücherpult. Kolorierte Federzeichnung.
Aus: Ludolf von Sachsen: Das Leben Christi. –
(Schwaben), 1472–1476.
Stadt- und Universitätsbibliothek, Frankfurt a. M.

Der Bibliothekar hat dafür zu sorgen, daß die Bücher inventarisiert, aufgestellt, gepflegt und unter Beachtung der Vorschriften benutzt werden. Die Bände sollen nicht zu dicht gedrängt in wohlgeordneten Reihen und in richtiger Ordnung stehen, so daß jedes Werk schnell und leicht gefunden werden kann.«

Mönch in einer Gelehrtenstube mit den Kirchenschriftstellern Augustinus, Hieronymus und Hilarius. Titelholzschnitt eines Frühdruckes, verlegt bei Berthold Remboldt in Paris, Ende des 15. Jahrhunderts. Gutenberg-Museum, Mainz.

Während in der Antike die Bibliotheksarbeit nur Männersache gewesen zu sein schien, trat in den Klosterbibliotheken auch die Bibliothekarin mit gleichen Ehren und Verpflichtungen auf. Nach der Regel des 512 durch Cäsarius von Arles gegründeten Nonnenklosters war sie bei der Übergabe der Bibliotheksschlüssel auf das Evangelium zu verpflichten. Die Frauenklöster betrieben ebenso wie die männlichen Kongregationen Schreibstuben zur Vermehrung des Buchbestandes, wenn auch nicht im gleichen Umfang und mit gleicher Kontinuität. Doch immerhin galt die Nonnenbibliothek des Nürnber-

Bibliotheksraum. Holzschnitt aus einer französischen Inkunabel des 15. Jahrhunderts. Das doppelseitige Lesepult ist drehbar. Dem Lesenden erscheint Christus als Gekreuzigter mit den Marterwerkzeugen. Rijksmuseum Amsterdam.

ger St.-Katharinen-Klosters mit ihren rund 600 Handschriften im 15. Jahrhundert als die größte deutsche Bibliothek.

Was so kulturträchtig in den Klöstern begann und sich zu seinem geringeren Teile der staunenden Nachwelt erhielt, ist nur die eine Seite der Medaille. Richard de Bury führte 1345, drei Monate vor seinem Tod, in seinem »Philobiblion« die »Klage der Bücher wider die Mönche in den mit Eigentum ausgestatteten Klöstern«. Er schrieb: »Wie durch die doppelte Bedeutung des Wortes liber dazu verleitet, hält es die einfältige Schar der heutigen Mönche mehr mit den Bechern als mit den Büchern.« Wir möchten diesen bibliophilen Bischof von Durham in Northumberland fragen: Hat Liber, der altitalienische Gott der feuchten Naturkraft (das Pendant zum römischen Weingott Bacchus), tatsächlich seine heidnische Macht entfaltet, die Mönche aus den trockenen Gefilden der Buchwelt gelockt und eine kulturelle Misere heraufbeschworen? So sehr wir ihm zustimmen, »daß der Schatz an Weisheit sich hauptsächlich in den Büchern findet«, der Blick ins Buch darf den Blick ins Leben nicht gänzlich verstellen. Als Berater des englischen Königshauses werden Bischof Richard die politischen Umwälzungen und der allgemeine Autoritätsschwund nicht entgangen sein.

Mit Aufständen hatte der Adel 1215 dem englischen König die Magna Charta Libertatum, das Recht auf Selbstverwaltung, abgetrotzt. Auch den Städten mußte der Herrscher Zugeständnisse machen. Als Richard de Bury sein Buch schrieb, waren, seit Papst Urban 1095 auf der Synode von Clermont-Ferrand zum Krieg gegen die »Ungläubigen« aufgerufen hatte, bereits fünf Kreuzzüge (die kleineren nicht mitgerechnet) auch mit englischer Beteiligung in den Orient aufgebrochen. In England wußte man wohl, daß die Kreuzritter und ihr Gefolge, wenn überhaupt, dann nicht nur mit dem selbstgefälligen Anspruch auf ewige Seligkeit, sondern auch mit materieller Beute in ihre von Hunger und Tod gebeutelten Heimatländer zurückkehrten. Die moralische Schelte der Mönche, wiewohl berechtigt, zielte zu kurz. Der Glanz der Klosterbibliotheken erlosch im 14. Jahrhundert nicht durch übermäßigen Weingenuß. Die geschlossene christlich-mittelalterliche Kultur, die sie gespiegelt hatten, löste sich unter dem Druck geistiger Strömungen innerhalb und außerhalb der Kirche auf. Wer die politische Macht verliert, bestimmt auch die herrschende Kultur nicht mehr. Die Weltgeschichte fragt nicht bei Bibliotheken an, ob ihnen eine gesellschaftliche Umwälzung genehm sei. Bibliotheken agieren als Seismographen der Kultur; sie reagieren auf Bewegungen in der Gesellschaft, sind aber nicht die Bewegung selbst.

Das Ordensleben, das auch die Klosterbibliotheken getragen hatte, veränderte sich. Die Bettelorden der Franziskaner und Dominikaner gingen mit Predigt und Seelsorge unter das Volk, traten aus den Klostermauern heraus und entfalteten eine eigene wissenschaftliche Regsamkeit. Albertus Magnus und sein Schüler Thomas von Aquin knüpften auf ihre Weise an die antike Philosophie an. Die Denkmethoden des Aristoteles, dessen Werke im 12. Jahrhundert ins Lateinische übersetzt wurden, fanden Eingang in eine Begründung des Glaubens aus dem Denken heraus. So haben die Scholastik und der sie bekämpfende Humanismus die gleiche antike Wurzel.

In der veränderten geistigen Landschaft konnte sich das Bildungsmonopol der Geistlichkeit nicht mehr halten. Neben der Kirche traten Ritterschaft und Bürgertum als weltliche Kulturträger auf und mit ihnen die Fürsten- und Kollegialbibliotheken. Die Kloster- und Domschulen erweiterten sich allmählich zu Universitäten. Gegen Ende des 12. Jahrhunderts bildete sich durch Zusammenschluß mehrerer Lehranstalten, initiiert von den Dominikanern, das »Studium generale« und mit ihm auch ein der Wissenschaft verpflichtetes Bibliothekswesen heraus. Die Kollegialbibliotheken, die an den einzelnen Studentenhäusern (Kollegien) enstanden, wuchsen allmählich zu Fakultätsbibliotheken und dann zu Universitätsbibliotheken an. An der Universität von Paris gründete Robertus de Sorbona (noch immer im Universitätsnamen Sorbonne gegenwärtig) 1257 eine Kollegialbibliothek, die 30 Jahre nach ihrer Errichtung bereits über

1000 und 1378 1722 Bände zählte. Nach französischem Vorbild entstanden in England u. a. das Merton-College in Oxford und das Peterhouse-College in Cambridge mit ihren Bibliotheken. Die englischen und französischen Universitäten übernahmen auch den gewerbsmäßigen Handel mit Handschriften. Die Universität Prag (gegründet 1348) erhielt 1366 das Collegium Carolinum mit einer reich ausgestatteten Bibliothek. Dazu gesellten sich Universitäten in Wien (1364), Heidelberg (1386), Köln (1388) und Erfurt (1392), die sich alsbald auch Büchersammlungen zulegten.

Zur Bibliotheksbenutzung waren nur die Kollegieninsassen befugt, eine Beschränkung, die sich auch an den späteren Universitätsbibliotheken hielt. Mit den Kollegialbibliotheken verschärften sich die Benutzungsbräuche; die Bücher wurden an Ketten gelegt, entweder auf einem Pult oder darunter stehend. Die Pulte lösten die Aufbewahrung in Schränken und Nischen ab und galten gleichzeitig als Standortbezeichnung. Manche

Im späten Mittelalter konnten die nicht sehr zahlreichen Sammlungen noch auf Pulten Platz finden. Die Abbildung zeigt Pult und Ablagebrett mit angeketteten Büchern der Biblioteca Malatestiana, Cesena.

Bibliotheken, wie an der Sorbonne, teilten ihre Bücher in einen Präsenz- (Libraria magna) und einen Ausleihbestand (Libraria parva) auf. Das Pultsystem übernahmen im 15. Jahrhundert auch die Klöster und andere Bibliotheken. Als Beispiel dieser Aufstellungsart hat sich bis zur Gegenwart die berühmte Chained Library im englischen Hereford mit ihren 1500 angeketteten Büchern erhalten. In England wurden auf das Pult noch Regale aufgesetzt. Schließlich wichen die Ketten aus Raumnot dem sogenannten »stall«- oder Kojensystem, einem Vorläufer der späteren Magazinaufstellung. Den ältesten Nachweis für diese Art führt die Bibliothek der Christuskirche zu Canterbury von 1260.

Fürstenbibliotheken, wie die des Hohenstaufenkaisers Friedrich II. in Neapel und Palermo, Karls V. im Louvre und Papst Johannes' XXII. in Avignon, zerstreuten sich bald wieder. Das gleiche Schicksal teilte die berühmte Bibliothek des ungarischen Königs Matthias Corvinus, der in Florenz allein vier Schreiber zum Kopieren antiker Texte unterhielt und der seine Bücher

Die Chained Library in Hereford, England. In ihr werden noch heute rund 1500 angekettete Bücher aufbewahrt.

schmuckreich einbinden ließ, während die Bibliothek der Markgrafen von Este sich noch heute in Modena befindet. Aus Fürstengründungen der damaligen Zeit stammen Kernstücke berühmter Bibliotheken, z. B. der Heidelberger Palatina, die auf Kurfürst Ludwig III. von der Pfalz zurückgeht, und der Pariser Bibliothèque Nationale, die mit einer Aufstockung der Bibliothek des Königshauses unter Ludwig XII. begann.

Wer eine Privatbibliothek erwarb, mußte entweder reich oder bereit sein, sich in hohe Schulden zu stürzen, wie Tommaso Parentucelli, der spätere Papst Nikolaus V. Die Sammelleidenschaft wußte ein schwunghafter Handschriftenhandel durch Importe aus dem Osten zu nähren. Dank der Geschäftstüchtigkeit dieser Händler überlebten viele der alten Handschriften den Untergang des Byzantinischen Reiches. Der Kauf war die teuerste Erwerbungsart. Etwas billiger kam die Abschrift durch einen Lohnschreiber. Manche Sammler kopierten eigenhändig. Einige verewigten ihre Sammlungen, wie der schon zitierte Bischof

Die Biblioteca Laurenziana in Florenz, erbaut von Michelangelo.

Richard de Bury in »Philobiblion« oder Richard de Fournival, Kanzler der Kirche von Amiens, in »Biblionomia«. Francesco Petrarca, Jurist, Dichter und ein entscheidender Wegbereiter des Humanismus, fertigte sogar ein Verzeichnis an, nach dem sich seine Bibliothek rekonstruieren läßt. Einzelne Exemplare seiner Sammlung sind erhalten geblieben, so Augustinus' »Civitas Dei« in der Universitätsbibliothek Padua und eine Vergil-Handschrift mit seinen Anmerkungen in der Ambrosiana in Mailand.

Auf längere Sicht profitierte auch die Öffentlichkeit von diesen Privatbibliotheken. Durch testamentarische Schenkung entstand 1441 die älteste der öffentlichen Bibliotheken Italiens, die Markus-Bibliothek in Florenz, und etwas später die Laurenziana, die im Jahre 1495 1017 Bände aufwies. Kardinal Basilius Bessarion überließ 1498 seine Sammlung griechischer Handschriften, für die er 30 000 Gulden aufgewendet haben soll, der

Die Pultbibliothek der Universität Leiden, Niederlande.
Kupferstich von Jan Cornelisz van Woudt,
zwischen 1610 und 1630.
Rijksuniversiteit te Leiden, Bibliotheek

Stadt Venedig als Grundstock einer öffentlichen Bibliothek, der Marciana. Der englische Herzog Humphrey von Gloucester, ein Sohn Heinrichs IV., schenkte der Universität Oxford ungefähr 600 Handschriften. Die bedeutendste Renaissancebibliothek war die 1417 neu begründete Vaticana, die päpstliche Bibliothek in Rom.

Im 15. Jahrhundert erholten sich die Klosterbibliotheken und öffneten sich in gewissem Umfang auch gelehrt-humanistischen Bestrebungen. So faßte der Abt des 1124 gegründeten Klosters Sponheim, Johannes Trithemius, 1494 den Bibliotheksbestand (rund 2000 Bände, darunter griechische und hebräische Handschriften) in eine Art Literaturgeschichte (»Liber de scriptoribus ecclesiasticis«) zusammen. Englische Franziskaner fertigten sogar schon Gesamtverzeichnisse mehrerer Bibliotheken an.

Nach den Reformkonzilien von Konstanz (1414–1418) und Basel (1431–1443) entstanden auch nördlich der Alpen Zentren des Humanismus (Nürnberg und Augsburg) und auch erste Privatbibliotheken deutscher Humanisten (Willibald Pirckheimer, Konrad Peutinger).

»Gute Librareyen zu verschaffen« Das von Johannes Gutenberg erfundene Handgießinstrument ermöglichte die massenhafte Vervielfältigung und gleichbleibende Qualität der Buchstaben. Der zu schneidende Buchstabenstempel wurde nicht mehr für den Druck selbst, sondern zum Prägen einer Matrize benutzt, die, mit einer Bleilegierung ausgegossen, den Buchstaben fertigte. Nach Ablösung des teuren Pergaments durch Papier konnte das Buch, soweit es die Bildung zuließ, zur Massenware werden.

In Martin Luthers Schrift »An die Ratsherrn« von 1524 steht, »daß man Fleiß und Kosten nicht spare, gute Librareyen oder Buchhäuser, sonderlich in den großen Städten, die solches wohl vermögen, zu verschaffen«. Die Reformation bemühte sich um die Laienbildung, das Schulwesen und eine diesen Zielen entsprechende Bibliotheksart, die Stadtbibliotheken. In den nun lutherischen Ländern waren die Klöster und ihre Bibliotheken aufgelöst, wenn nicht gar als »papistisches Übel« verbrannt worden. An die Stelle der alten mußten neue Bildungsträger treten. Die Stadtbibliotheken, auch Universitäts- und Kirchenbibliotheken, übernahmen gerettete Klosterbestände. Auf dieser Basis wurden Stadt- und Ratsbüchereien u.a. gegründet in Magdeburg (1528), Straßburg (1531) und Augsburg (1537). Ansätze zu Stadtbibliotheken hatte es schon 100 Jahre früher gegeben, z.B. in Ulm und Nürnberg (1425).

Die evangelische Kirche richtete nun ihrerseits Büchersammlungen ein. Johann Bugenhagens braunschweigische Kirchenordnung von 1528 fordert dies ausdrücklich. In das 16. Jahrhundert fällt auch die Gründung von Schulbibliotheken, die ebenfalls in der Obhut der Stadtverwaltung lagen, z.B. die 1530 eröffete Ratsschulbibliothek in Zwickau.

Neue Universitäten entstanden, und auch die deutschen Territorialfürsten bemühten sich, ihren Hof mit einer Bibliothek auszustatten. Aus diesen Hofbibliotheken sind die meisten Landesbibliotheken hervorgegangen, wie die heutige Sächsische Landesbibliothek Dresden aus der 1558 durch Kurfürst August von Sachsen gegründeten Kurfürstlichen Sächsischen Bibliothek. Das städtische Patriziat setzte die Tradition der Privatbibliotheken fort. Auch dabei fehlten die Fugger nicht. Hans Jakob Fugger wirkte als Berater Herzog Albrechts V. von Bayern beim Aufbau der Herzoglichen Bibliothek (1558 gegr.), der heutigen Bayrischen Staatsbibliothek, mit, die 1571 auch Fuggers Privatbibliothek von 10 000 Bänden erwarb. Die Sammlung von Hans Sachs hielt sich 1562 mit 112 Bänden in bescheidenerem Rahmen.

Kein Fürst baute je ein Schloß, um nur darin zu wohnen. Politische Herrschaft möchte sich auch im Bauwesen repräsentiert und verfestigt sehen. Von den romanischen Ländern her breitete sich die sogenannte Barockbibliothek aus. In ihrer Konzeption mischen sich bibliophile und biblioverse Neigungen. Die Saalbibliothek ist auch (und manchmal nur) ein Schaustück:

große und sehr hohe Säle, an deren Wänden, teils von Galerien unterbrochen, die Bücher aufgestellt sind und in deren Mitte breiter Raum zum Promenieren gelassen ist. Die bedeutendste ältere europäische Saalbibliothek entstand 1567 im Escorial bei Madrid, dem Palast König Philipps II. von Spanien.

Stadtbibliothek in Zürich. Neujahrsblatt für 1719.
Zentralbibliothek Zürich, Graphische Sammlung.

Obwohl in Frankreich bis zur Revolution von 1789 im wesentlichen Kirchen und Kooperationen das Bibliothekswesen trugen, ist es doch das Land, das als erstes eine vom Staat organisierte vollständige Sammlung des nationalen Schrifttums anstrebt. Französische Bibliothekare haben die Zentralisierung der politischen Gewalt im Absolutismus auf ihre Weise genutzt und ihre obersten Dienstherren so beraten, daß der Grundstein für eine Nationalbibliothek bereits in der ersten Hälfte des 16. Jahrhunderts gelegt werden konnte. Die französischen Könige unterhielten nach Auflösung der Sammlung im Louvre (um 1430) in Blois eine Bibliothek, in die unter Karl VIII. und Ludwig XII. als Beutegut aus den italienischen Kriegszügen auch Schriften des Humanismus eingingen. Hoffähig wurden die Bildungsideale dieser neuen Geistesrichtung unter Franz I. Er stiftete 1530 das Collège de France, eine im Gegensatz zur noch scholastischen Sorbonne den Ideen der Renaissance verpflichtete Lehrstätte. In seinem Erbschloß in Fontainebleau begründete Franz eine eigene Bibliothek, für die er vornehmlich Hand-

Bürgerbibliothek im alten Bern. Die Bibliothekskommission ist zusammengetreten und berät über den Ankauf neuer Bücher. Gemälde von Johannes Dünz, um 1696/97. Bürgerbibliothek, Bern.

43

Prunksaal der Wiener Hofbibliothek.
Nach Entwurf von Johann Bernhard Fischer von Erlach,
vollendet von seinem Sohn Joseph Emanuel.

schriften sammeln ließ und die er auch Gelehrten öffnete. In das neue Amt des »Maître de la librarie« berief er den Gräzisten Guilleaume Budé.

Währenddessen konnte der Bibliothekar von Blois, Mellin de Saint-Gelais, den dortigen Bestand durch königliches Dekret von 1536, das die kostenlose Ablieferung je eines Exemplars aller in Frankreich gedruckten Bücher verfügte, vermehren. Wenngleich unter dem repressiven Vorzeichen der Zensur erlassen, lag damit eine erste Pflichtexemplarregelung vor. Franz I. befahl 1544 die Vereinigung der Bibliothek in Blois mit seiner Gründung in Fontainebleau. In der zweiten Hälfte des 16. Jahrhunderts wurde

Mönche in der Königlichen Bibliothek Spaniens im Escorial. Gouache aus dem 18. Jahrhundert. El Escorial, Madrid.

die königliche Bibliothek nach Paris verlegt, wo sie noch heute ihren Sitz als Bibliothèque Nationale hat.

Die Öffnung des französischen Hofes für die Lebensformen der Renaissance drängte Adel und hohe Geistlichkeit zu Statussymbolen, unter denen eine möglichst umfangreiche Privatbibliothek gewiß zu den verzeihlichsten gehörte. Nicht jeder verschuldete sich dabei so hoffnungslos wie Katharina de Medici, die Frau Heinrichs II. Ihre Bibliothek konnte 1599 nur durch staatlichen Aufkauf vor den Gläubigern gerettet werden.

Kardinal Mazarin, der 1642 die Nachfolge Richelieus antrat, übertraf mit seiner Bibliothek den König. Binnen kurzer Zeit

Isaac Casaubonus. Bibliothekar König Heinrichs IV. von Frankreich. Württembergische Landesbibliothek, Stuttgart.

46

Sir Thomas Bodley, der Gründer der nach ihm benannten
Bodleiana in Oxford. Bodleian Library, Oxford.

holte ihm sein Bibliothekar Gabriel Naudé (vorher in Diensten Richelieus) 12000 Bände und 4000 Handschriften, wohl auch nach Meter und Gewicht, zusammen. Ab 1643 der Öffentlichkeit zugängig, wuchs die Bibliothek (die Gunst des mächtigen Mannes war auch mit Büchern zu erkaufen) bis 1648 auf 45000 Bände an, verfiel mit dem politischen Sturz Mazarins der Auflösung und wurde nach seiner Rückkehr an die Macht ein zweites Mal aufgebaut. Eine bedeutende Privatbibliothek besaß auch Jean-Baptiste Colbert, ein Minister Ludwigs XIV., der 1661 bis 1683 als oberster Verwalter die Königliche Bibliothek in ihrer Arbeitsweise reorganisierte, den Bestand auf 10000 Handschriften und 40000 Drucke vermehrte und die Katalogisierung anordnete.

Eine liberale Regelung für einen lückenlosen Bestandsaufbau fand man in England, wo die erste öffentliche Bibliothek, die Bodleiana in Oxford (1602 von Thomas Bodley in der zerstörten Universitätsbibliothek errichtet), seit 1610 Freiexemplare von der Buchhändlervereinigung erhielt.

An bedeutenden öffentlichen Bibliotheken entstanden im 17. Jahrhundert u. a. noch die Ambrosiana in Mailand (1602 von Kardinal Federico Borromeo gegründet und nach dem Kirchenlehrer Ambrosius benannt), die Bibliothek der Harvard-Universität in Cambridge (USA, 1638), die Herzogliche Bibliothek in Gotha (1647) und die Kurfürstliche Bibliothek in Berlin (1659), die heutige Deutsche Staatsbibliothek. Die Mailänder Bibliotheca Ambrosiana darf noch den Ruhm für sich beanspruchen, als eine der ersten ein heizbares Zimmer besessen zu haben und neben den Mailänder Bürgern auch Fremden zugänglich gewesen zu sein. Die Öffentlichkeit hatte auch ihren Preis. Mit harten Strafen bedroht wurde, wer einen Band stahl oder ein Buch mit schmutzigen Händen anfaßte.

»Unseren Nutzen und Gewinn reißet eine Kugel hin«, dichtete in der Mitte des Dreißigjährigen Krieges Paul Fleming in seiner »Neujahrsode 1633«. Unheil und Verwüstung suchten auch Bibliotheken heim. Krieg vernichtet Bildung und Bücher, reduziert das menschliche Interesse auf das nackte Überleben.

Durch die Verheerungen des Dreißigjährigen Krieges weitete sich der soziale Graben zwischen einer dünnen Oberschicht von Kulturträgern und der Masse des Volkes noch mehr aus. Der Westfälische Frieden stärkte die Macht territorialer Dynastien. Ihre Residenzen bildeten bald Zentren einer höfischen Kultur. Das mittelständische Bürgertum, das seine kulturellen Bedürfnisse gerade angemeldet hatte, teilte nun das Elend der Besitzlosen. Der Aufschwung der Stadtbibliotheken flachte wieder ab. Die Kriegsherren des 17. Jahrhunderts standen ihren römischen Kameraden nicht nach. 1631 teilten schwedische und sächsische Kommandeure die Universitätsbibliothek Würzburg unter sich auf. Der größte Teil des Bestandes wanderte nach Uppsala. Auch die Universitätsbibliothek Mainz wurde geplündert, und die berühmte Heidelberger Palatina verschwand via Rom, von wo sie sich 1986 besuchsweise als Ausstellung zurückmeldete.

Die Auflösung der mittelalterlichen Gesellschaftsstruktur und die katastrophalen Folgen des Dreißigjährigen und anderer Kriege nahmen dem Bibliothecarius die Aureole des Elitären. Seit Erfindung des Buchdrucks wuchsen die Bibliotheken und brauchten Mitarbeiter. Sie bevölkerten nach den Worten Georg Leyhs die Bibliotheken »als eine bunte Schar, völlig ungeordnet nach Herkommen und Funktion, fleißige Vielwisser und untätige Nichtwisser neben den großen fruchtbaren Gelehrten, fast alle ohne innere Bindung an das Amt, das ihnen Brot, bisweilen auch Ehren gibt«. Mit dieser Hypothek belastet, trat der Bibliothekar den Weg in die Neuzeit an.

»Das wesentliche Geschäft« Der Aufklärung verdankt das Bibliothekswesen vielfältige Impulse. Sie beeinflußte die Wissenschaften (und damit auch Substanz und Organisation der Bibliotheken) ebenso wie die allgemeine literarische Bildung.

Die Bibliothek der 1737 gegründeten Universität Göttingen wurde ein Vorbild für ihresgleichen. Die Vernunft diktierte die Grundsätze ihres Aufbaus und ihrer Verwaltung: Anschaffung der wichtigsten wissenschaftlichen Literatur, tägliche Öffnung, günstige Entleihung, ausgezeichnete Katalogisierung und ein geregelter Gang des Buches durch die Bibliothek. Um 1800 besaß die Universitätsbibliothek Göttingen bereits 150 000 Bände, was Goethe 1801 zu seinem klassischen Lob veranlaßte: »Man fühlt sich wie in der Gegenwart eines großen Kapitals, das geräuschlos unberechenbare Zinsen spendet.« Diese Metapher atmet noch Geist der englischen Aufklärung. Ihre Nützlichkeitsdenker hätten sie sofort verstanden. Das englische Parlament setzte nach über sechzigjährigen Geburtswehen 1759 mit der Eröffnung des Britischen Museums den Typ einer bürgerlichen Nationalbibliothek durch. Als in der französischen Revolution von 1789 die Ideen der Aufklärung radikalisiert wurden und als politische Tat in blutigem Kampf endeten, riß niemand die »Narrenhäuser des menschlichen Geistes« ein, wie es der Aufklärer Jean d'Alembert Jahrzehnte vorher gefordert hatte. Von einigen, bei einem solchen gesellschaftlichen Umsturz unausbleiblichen Verlusten abgesehen, wurden die Bibliotheken des Klerus und des Adels nationalisiert, von Kommissionen begutachtet und in Dépôts litteraires eingelagert. 1792 erfolgte die Umbenennung der Bibliothèque Royale in Bibliothèque Nationale. Dorthin floß auch ein großer Teil der konfiszierten Bibliotheksbestände, deren sachgerechte Erschließung fortan einige Generationen von Bibliothekaren beschäftigte. Die bedeutendsten Bibliotheken wurden in Paris konzentriert und die Stadtbibliotheken in der Provinz, ebenfalls durch Beschlagnahmung im Bestand bereichert, der Aufsicht des Staates unterstellt.

In Österreich konfiszierten die Herrscher das Bibliotheksgut selbst. Als Folge der 1773 von Maria Theresia und 1782 von Joseph II. getroffenen Maßnahmen gegen die Klöster wurden auch rund 1300 Klosterbibliotheken in staatliche Büchersammlungen überführt. In den deutschen Ländern, die 1802 nachzogen, profitierten ebenfalls vor allem die Universitätsbibliotheken von der Säkularisation. Allerdings interessierten sich Hof-, Universitäts- und Schulbibliotheken nur für einen Teil der säkularisierten Bestände – ein bedeutender Rest, vor allem in dem mit Klosterbibliotheken reich gesegneten Bayern, verkam. In Polling blieben von den 80 000 Bänden nach der Auswahl rund 50 000 übrig. Davon kaufte ein Papierfabrikant 123 Zentner. Wo der Spottpreis von 50 Kreuzern für einen Zentner bedruckten Papiers keine Käufer anzog, wurde wie in Ettal und Gotteszell unbedenklich mit Büchern geheizt.

Die Vertreter der Aufklärung gründeten Zeitschriften und Lesegesellschaften. Die Jünger Gutenbergs vervollkommneten im

Christian Gottlob Heyne. Blatt in Crayonmanier
von Karl Traugott Riedel o. J.
Württembergische Landesbibliothek, Stuttgart.

18. Jahrhundert ihre Kunst nach Menge und Schönheit. Indem der Analphabetismus zurückgedrängt wurde, wuchsen neue Leser heran. Um im Gleichgewicht zu bleiben, mußte die Schriftstellerei zu einer Berufstätigkeit aktiviert werden. Der arge Weg des Schriftstellers in einen sogenannten freien Beruf begann. Der Philosoph René Descartes wurde 1637 für zwei Auflagen seines »Discours de la méthode« mit zweihundert Freiexemplaren als Honorar abgefunden. Christian Fürchtegott Gellert hatte für seine »Fabeln« (in zwei Teilen 1746 und 1748 erstmalig erschienen) – ein Bestseller, würden wir heute sagen – vom Leipziger Verleger Johann Wendler insgesamt 20 Taler und 16 Groschen erhalten, ein Trinkgeld, wie sein Dichterkollege Gleim bemerkte.

»Dem leiblichen Hunger der Schriftsteller verdankt das Publikum seine geistliche Sättigung«, sinnierte Jean Paul »Über die Schriftstellerei«, die für die schöngeistige Literatur nun zu einem Brotberuf geworden war, aber allein noch nicht so recht nährte. War man berühmt, dann besserte eine Beamtenstelle oder ein Ehrensold den Etat auf. War man es nicht und hatte wenig Aussicht, es zu werden, dann half nur ein fleißiges Eingehen auf den Zeitgeschmack. Die literarische Produktion stieg. Im Jahre 1800 erschienen allein in Deutschland 2594 Schriften (1870 lag das Jahresvolumen bei 10108). Die Modeliteratur, die Ausgang des 18. Jahrhunderts der nüchternen Aufklärung eine Empfindsamkeit entgegensetzt, kam nur in Gegenden mit verordneter Ablieferungspflicht in die Bibliotheken. So hat sich annähernd erhalten, was die Leute (und nicht allein schöngeistige Zirkel) in der Blüte der klassischen Literatur wirklich gelesen haben.

Dort, wo die Aufklärung in Geschichtslosigkeit auszuarten drohte, hatten Männer wie Johann Gottfried Herder regulierend eingegriffen. Seine Philosophie übertrug den organischen Entwicklungsgedanken auf die Geschichte und damit auch auf die literarische Kultur, in die er mit seinen »Stimmen der Völker in Liedern« die Volkspoesie einbrachte. Neben der Antike wandte

Universitaets Bibliothec.
deren Saal 100. Fuß lang und 40. Fuß breit ist.

Universitätsbibliothek Göttingen.
Aus: Heumann, Georg Daniel: Wahre Abbildung
der ... Stadt Göttingen. – (Göttingen, 1747).
Niedersächsische Staats- und Universitätsbibliothek Göttingen.

Versuch

eines
vollständigen Lehrbuchs
der

Bibliothek-Wissenschaft

oder

Anleitung

zur vollkommenen Geschäftsführung
eines
Bibliothekars
in
wissenschaftlicher Form abgefasst

von

Martin Schrettinger,

Hofkaplan Sr. köuiglichen Majestät von Bayern und Unter-Bibliothekar an der königl. bayer. Hof- und Staats-Bibliothek.

Erster Band.

I. — III. Heft.

München 1829.
Jos. Lindauer'sche Buchhandlung.
(C. T. F. Sauer.)

Titelblatt aus Schrettingers Lehrbuch der Bibliothekswissenschaft.

sich die Klassik auch mittelalterlichen Stoffen zu. Diese Rückbesinnung auf das Mittelalter, die ein besonderes Anliegen der Romantik wurde, ließ neue historische Disziplinen wie die Germanistik, die Indologie und die Volkskunde entstehen.

Die naturwissenschaftlichen Fächer rüsteten zum Aufbruch in ein neues Zeitalter. Alexander von Humboldt schuf auf seinen Forschungsreisen (1799–1804) Grundlagen für die Pflanzengeographie, die vergleichende Klimatologie und die Meteorologie. Carl Friedrich Gauß veröffentlichte 1801 sein Hauptwerk »Arithmetische Untersuchungen«, das Mathematik, Astronomie, Geodäsie und Physik entscheidend beeinflußte. Die technischen Wissenschaften meldeten sich – vor allem aus England, der »Werkstatt der Welt« – mit industriebezogenen Erfindungen wie der Dampflokomotive, dem Dampfschiff, dem Schleuderguß und der Grubensicherheitslampe. Der Chemie gelang die Synthetisierung von Stoffen, und die Philosophie brach zu neuer Welterklärung auf. In den Seminaren und Instituten der Universitäten ging man zu intensiver Forschung über. Nicht mehr lebensfähige akademische Lehreinrichtungen wurden aufgelöst. Auf diese Veränderungen hatte sich das wissenschaftliche Bibliothekswesen, allen voran die Universitätsbibliotheken, einzustellen. Rückschläge gab es wiederum durch Kriege. Dem napoleonischen Heer folgten Kommissionen, die Bücher in Bibliotheken beschlagnahmten, verkauften oder nach Paris transportieren ließen. Die Universitätsbibliothek in Moskau verbrannte 1812 bei der Belagerung.

In der Vorrede zu seinem »Handbuch der Bibliothekswissenschaft« (1834) schreibt Martin Schrettinger: »Aus den gesammelten Büchern eine brauchbare Bibliothek zu machen ist das wesentliche Geschäft« des Bibliothekars. Im 19. Jahrhundert formiert sich das moderne Bibliothekswesen. Die wesentlichen Bibliothekstypen und die Art ihrer sachgerechten Verwaltung heben sich deutlich ab. Der gesellschaftliche Bedarf zwingt die Institution Bibliothek in neue Richtungen und zu größerer Zweckmäßigkeit. Es entstehen weitere Nationalbibliotheken (z.B. 1837 die

Königliche Bibliothek in Brüssel, 1872 die Kaiserliche Bibliothek in Tokio). In den USA entwickelt sich die Kongreßbibliothek, die Bibliothek des Parlaments, ab 1890 zu einer Nationalbibliothek. In Deutschland verflüchtigte sich die Idee einer Nationalbibliothek mit dem Geist der Revolution von 1848. Die in der Frankfurter Paulskirche, dem Sitz der Nationalversammlung, eingerichtete Reichsbibliothek wurde als Torso mit knapp 5000 Bänden ins Germanische Nationalmuseum nach Nürnberg abgeschoben. Unter der Führungsmacht Preußens lag eine deutsche Nationalbibliothek außerhalb des »Reichsinteresses«. So blieb es privater Initiative, insbesondere dem deutschen Buchhandel, vorbehalten, 1912 in Leipzig die Deutsche Bücherei als Gesamtarchiv des deutschsprachigen Schrifttums zu gründen und einen sächsischen König für die Baukosten und die Grundsteinlegung zu gewinnen. Für den Bestandsaufbau sorgten die Verleger durch kostenlose Lieferung ihrer Erzeugnisse.

Spezialbibliotheken entstehen dort, wo man von wenigem immer mehr wissen will, wo Allgemeinbibliotheken einen besonderen Literaturbedarf nicht mehr decken können, die Praxis aber einen schnellen und direkten Zugriff braucht. Die Tradition der Spezialbibliotheken reicht bis in das 15. Jahrhundert zurück. In England z. B. besaßen die Korperationen der Juristen, die Inns of Court, eigene wertvolle Bibliotheken, die der Rechtspraxis und dem Rechtsstudium dienten. Die älteste dieser Art, die von Lincoln's Inn, wurde bereits 1465 gegründet und bezog 1505 ein eigenes Gebäude. In dem Maße, wie einzelne Wissenschafts- und Wirtschaftszweige an Bedeutung gewannen, schufen sie sich ihre speziellen Bibliotheken (z. B. Hamburger Commerzbibliothek, 1735 gegründet zur Sammlung von Literatur über Handel, Schiffahrt, Staatswissenschaften und Geographie; Senckenbergische Bibliothek in Frankfurt am Main, 1763 gegründet zur Sammlung von medizinischem und naturwissenschaftlichem Schrifttum). Im 19. Jahrhundert verstärkt sich dieser Trend und führt zur Errichtung wissenschaftlicher Fachbibliotheken, insbesondere für die Zwecke der Industrie.

Philanthropie mit doppeltem Boden Eine Bibliothek öffentlich zu nennen heißt noch lange nicht, daß sie auch jedermann offen steht. Das Prädikat meint zunächst nur das Gegenstück zur Privatbibliothek und deutet eine Finanzierung aus öffentlichen, also staatlichen oder kommunalen, Mitteln an. Wer zur Öffentlichkeit, die eine Bibliothek benutzen darf, zählt, bestimmen meist die, die vorgeben, diese Öffentlichkeit zu sein. Sozialer Status und ein bestimmtes Bildungsniveau entscheiden. Im Frankreich des 17. Jahrhunderts waren zur Benutzung der öffentlichen Bibliotheken die »savants« (Gelehrte) und die »gens de lettres« (Gebildete) zugelassen. Auch in anderen Ländern regulierte die Schulbildung den Zutritt zu den Bibliotheken. Bedenkt man, daß im wirtschaftlich und technisch so weit fortgeschrittenen England um 1850 etwa die Hälfte der arbeitenden Bevölkerung weder lesen noch schreiben konnte und erst 1876 die allgemeine Schulpflicht eingeführt wurde, dann läßt sich ermessen, wie viele Voraussetzungen der Masse der Bevölkerung fehlten, eine öffentliche Bibliothek zu benutzen.

Der gute Wille, über Pfarr- und Gesellschaftsbibliotheken Bildung auch an die ärmeren Volksschichten heranzutragen, war vorhanden. So forderte der Geistliche und Lehrer James Kirkwood bereits im 17. Jahrhundert, an jeder schottischen Pfarrei eine öffentliche Bibliothek einzurichten. Den Geistlichen wurde nahegelegt, diesen Bibliotheken ihre Bücher zu hinterlassen. Unterhaltung und Vermehrung sollte ein durch Erbschaftsabgaben von den Nachlässen der Kleriker gespeister zentraler Fonds – Kirkwood bezifferte ihn auf 72 000 schottische Pfund – tragen.

Manche solcher Ideen versandeten, manche ließen sich kurzzeitig in Realität umsetzen. Alle scheiterten sie letztendlich am Mangel an Bildung und Muße der unteren Klassen, die sich in ihrer Bedrängnis im Ringen um das tägliche Brot verausgabten und deren Lektüre, sofern überhaupt möglich, nicht auf dem Niveau ihrer geistlichen Wohltäter liegen konnte. Mit reiner Menschenfreundlichkeit war dem Problem nicht beizukommen.

Das gewünschte Buch soll man verlangen, benützen
und dabei rein bewahren, es also nicht durch Riß oder Stich
beschädigen, noch mit Notizen bekritzeln ...
Benutzungsordnung der Wiener Hofbibliothek z. Z. Karls VI.

Die Prämissen für ein volkstümliches Büchereiwesen änderten sich, als die herrschenden Kreise einsahen, daß die Erkenntnisse des technischen Fortschritts nur durch Arbeiter mit einem gewissen Bildungsgrad in Produktionsergebnisse umzusetzen sind. Ging es bislang vornehmlich um die Erbauung der armen Seelen, so standen nun handfeste wirtschaftliche Interessen auf dem Spiel. Bevor der Staat eingriff, übernahmen private und genossenschaftliche Initiativen die Vorreiterrolle.

Der amerikanische Baumwollindustrielle Abbot Lawrence, Besitzer der Pacific Mills in Lawrence, richtete 1854 für seine Fabriken eine Arbeiterbibliothek ein. Die 3500 Arbeiter waren angehalten, zu deren Unterhaltung je einen Cent von ihrem Wochenlohn beizusteuern. Dafür konnten sie außer Fachbücher auch allgemeinbildende und unterhaltende Literatur entleihen. Friedrich Engels berichtete aus dem englischen Manchester, daß die organisierten Arbeiter dort selbst Schulen und Lesezimmer gründeten.

Universitätsbibliothek Cambridge.
Zeichnung von Thomas Rowlandson, 1800.
Fitzwilliam Museum, Cambridge.

Am 30. Juni 1850 verabschiedete das Englische Parlament mit 118 zu 101 Stimmen The Public Libraries Act, die gesetzliche Grundlage für aus öffentlichen Mitteln unterhaltene und allgemein zugängliche Bibliotheken. Der Etat dieser Bibliotheken setzte sich aus Stiftungen und einer Bibliothekssteuer (ein halber Penny auf ein Pfund Vermögen) zusammen. Die erste Gründung nach diesem Gesetz erfolgte 1852 in Anwesenheit der Schriftsteller Dickens, Thackeray und Bulwer in Manchester. Ihr erster Leiter, Edward Edwards, wies in einem Bericht von 1858 nach, daß »nicht nur die ärmeren und weniger gebildeten Schichten, sondern die ganze Bürgerschaft die Bibliothek benutzte«, was die Geldgeber offensichtlich beruhigen sollte.

In den USA kam es ebenfalls zu gesetzgeberischen Maßnahmen für Public Libraries in einzelnen Bundesstaaten (Massachusetts 1848, New Hampshire 1849). Die Bibliotheksgründungen erfolgten einige Jahre später. Auch hier bildeten Stiftungen und eine Sondersteuer die finanzielle Grundlage.

Lesesaal der Kaiserlich öffentlichen Bibliothek
in St. Petersburg um 1860. Zeitgenössische Darstellung
eines unbekannten Meisters.

In Deutschland liegen die Anfänge eines Volksbüchereiwesens im zweiten Drittel des 19. Jahrhunderts. Der Volksbildner Karl Preusker gründete 1828 in Großenhain (Sachsen) eine Schulbibliothek, die 1833 zur Stadtbibliothek erklärt wurde. Auf der Basis einer Stiftung des Historikers und zeitweiligen Rektors der Universität, Friedrich von Raumer, nahmen 1850 in Berlin die ersten städtischen Volksbüchereien mit einem Gesamtbuchbestand von 7400 Bänden die unentgeltliche Ausleihe an jedermann auf. 1870 zählte Berlin 11 Volksbüchereien mit 43500 Bänden, hauptsächlich Belletristik, und 10325 Lesern. Der Bildungsauftrag hielt sich in Grenzen. Der Spottname »Literarische Suppenküche« als Pendant zu den Volksküchen, in denen die Armen abgefüttert wurden, polemisierte gegen die auf Wohltätigkeit bedachte Absicht. Wiederum angeregt durch die amerikanische Form der Public Library und gestützt auf die Volksbildungsvereine »Gesellschaft für ethische Kultur« und »Comenius-Gesellschaft«, setzte 1892 die Bücherhallenbewegung ein. Sie wollte den bisherigen deutschen Volksbüchereien den Charakter von geistigen Fürsorgeanstalten durch eine qualitative Buchauswahl nehmen, eine Kombination von Ausleihe und Lesehalle erreichen und eine einheitliche Organisation auf kommunaler Ebene durchsetzen. An der Wende des 20. Jahrhunderts entstanden bedeutende staatliche Büchereien (Berlin-Charlottenburg 1899, Hamburg 1899, Duisburg 1901, Stettin 1901, Elberfeld 1902) und bekannte private Stiftungen: die Lesehalle der Zeiß-Stiftung in Jena (1895) und die Kruppsche Bücherhalle in Essen (1899). Bibliothekare wie Constantin Nörrenberg und Paul Ladewig verliehen der Bücherhallenbewegung auch publizistischen Ausdruck und nahmen 1893 anläßlich der Weltausstellung am Weltkongreß der Bibliothekare in Chicago teil, um das amerikanische Beispiel an Ort und Stelle zu erleben.

Zwischen der amerikanischen Public Library und der deutschen Volksbücherei gab es zwei wesentliche Unterschiede. Die Public Library war, auch wenn sie eine wissenschaftliche und eine populäre Abteilung hatte, im Prinzip eine einheitliche Bibliothek für juristisch gleichgestellte Bürger. In Deutschland ritten die »höhere« Bildung und die Volksbildung auf verschiedenen Pferden und wurden dementsprechend auch in zwei verschiedenen Bibliothekstypen aufgestellt. Der zweite Unterschied liegt in der finanziellen Ausstattung. Nach einem Bericht der Kommission für die Free Public Libraries of Massachusetts aus dem Jahre 1893 stellten dort die Bibliotheken für je 100 Einwohner 123 Bände bereit und wendeten für 2,4 Millionen Einwohner im Jahr 600 000 Dollar auf. Dementsprechend hätte das Königreich Sachsen als kulturell entwickeltes deutsches Land

The Whitechapel Free Public Library and Museum London.
Bucheignerzeichen von Walter Crane.
Deutsche Bücherei, Deutsches Buch- und Schriftmuseum, Leipzig.

jährlich etwa 4 Millionen Mark ausgeben müssen. Für die Volksbüchereien aber stand nur etwa ein Hundertstel dieser Summe zur Verfügung. Wenn schon in Deutschland nicht die amerikanische Großzügigkeit nachgeahmt werden sollte, dann doch wenigstens die »Vernunft« der englischen Konservativen, die Eduard Reyer beschwor: »Selbst die conservativen Elemente in England erkennen es an, daß die in den Volksbibliotheken fortgebildeten Arbeiter rascher fassen und geschickter arbeiten und daß zahllose technische Fortschritte und Erfindungen der Anregung und Belehrung zu danken sind, welche die Arbeiter in der Bibliothek gewinnen, und bei einem Zusammenstoß der Mächte wird eben dies Moment mit entscheidend sein. Das intelligente Heer wird, unter übrigens gleichen Verhältnissen, siegen. Mögen auch manche in ihren Herzen überzeugt sein, daß der ungebildete Mensch glücklicher sei – die Cultur drängt uns mit unwiderstehlicher Gewalt vorwärts, der Verstand sagt uns klar und unzweideutig: die Volksbildung ist Staatsräson!«

»Der Index der Kultur« Die Wiege des zweckmäßigen Bibliothekswesens, gezimmert im Zeichen des endgültigen Aufbruchs in die Industriegesellschaft, steht in der zweiten Hälfte des 19. Jahrhunderts. Der Sprößling, zu unterschiedlichen Zeiten hineingelegt, hat sich in den einzelnen Ländern je nach den sozialökonomischen Gegebenheiten auch unterschiedlich entwikkelt, aber immer auf eine Bestimmung hin. Die Bibliotheksarbeit ist eine Dienstleistung für die Gesellschaft. Jahrhundertwenden sind auch in der Bibliotheksgeschichte nur kalendarische Ereignisse. Die gesellschaftlichen Umwälzungen bringen die eigentlichen Zäsuren, und das sind im 20. Jahrhundert politische und wissenschaftlich-technische Revolutionen. Von Lenin, einem in vielen Ländern tätigen Bibliotheksbenutzer, stammt der Satz: »Die Bibliotheken sind der Index der Kultur eines Landes.« Er verharrte nicht im Aphorismus, sondern setzte ihn, ins Regierungsamt gekommen, sogleich in politische Realität um, wie Dekrete und persönliche Initiativen zeigen. Lenins Namen trägt seit 1925 Moskaus berühmte Bibliothek des Rumjanzew-Museums (gegründet 1862), die Nationalbibliothek der UdSSR.

In der Sowjetunion entstanden völlig neue Bibliotheksverhältnisse, die auf der Abschaffung des Analphabetentums und der Demokratisierung der Bildung gründeten. Das Land wurde mit einem Netz von Bibliotheken überzogen, das seine Stützpunkte auf kommunaler Ebene, in Betrieben, Kolchosen, politischen Organisationen und militärischen Einheiten hatte. Gleichzeitig erfolgte ein Ausbau des Bibliothekswesens für Universitäten, Hochschulen und Akademien.

Bibliotheksgeschichtlich liegt hier eine entscheidende Zäsur vor, weil die Bibliothekspolitik als ein integrativer Bestandteil der Regierungspolitik praktiziert, die von den Bibliotheken erwartete gesellschaftliche Dienstleistung unmißverständlich formuliert und auch materiell abgesichert wurde. Das sowjetische Beispiel der Einbeziehung des Bibliothekswesens in staatliche

Das leselustige Kindsmädchen. Karikatur in Holzschnittmanier (vermutlich) von Heinrich Jenny, 1863. Schweizerische Landesbibliothek, Bern.

Leitungs- und Planungstätigkeit hat in vielen Ländern Nachahmung gefunden, auch dort, wo man sich nicht offen dazu bekennt. Kein Staat kann heute auf die Ressource Bibliothek verzichten, also nimmt er auch Einfluß auf eine für ihn zweckmäßige Gestaltung. Die Prediger einer Autonomie der Bibliotheken wurden spätestens durch die existentiellen Auseinandersetzungen mit der Information und Dokumentation, die sich durch das ganze 20. Jahrhundert ziehen, eines Besseren belehrt. Die Informationsbedürfnisse des wissenschaftlich-technischen Fortschritts, insbesondere der Industrie, eilten den Bibliotheken voraus und ließen für diesen speziellen, wesentlich vom Zeitfaktor und einer Tiefenerschließung der Literatur abhängigen Zweck, einen eigenen geistigen Dienstleistungszweig, die Dokumentationsstellen, entstehen. So wurde den Bibliotheken ins Stammbuch geschrieben, der Dokumentar sei »das Produkt der Unzufriedenheit mit dem Bibliothekar«, und, sie hätten »das Goldstück auf ihrer Schwelle«, die Dokumentation, nicht aufgehoben. Die fehlenden Finanzmittel und die geisteswissenschaftliche Befangenheit der europäischen Bibliotheken reichen zur Erklärung dieses Phänomens nicht aus. Es hängt mit dem Selbstverständnis des Bibliothekars und seiner Einsicht in gesellschaftliche Prozesse zusammen. Die Information und Dokumentation ist ein Arbeitsgebiet der gesellschaftlich organisierten Information, für die auch die Bibliotheken, die Verlage und die Archive tätig sind. Zwischen Information/Dokumentation und Bibliothekswesen gibt es Arbeitsteilung und Kooperation. Die Information und Dokumentation widmet sich auch der Erschließung von Quellen, die die Bibliotheken nicht sammeln, wie z.B. unveröffentlichte Forschungs- und Reiseberichte. Der Dokumentalist (auch Dokumentar oder Informator genannt) referiert Quellen ausführlich nach bestimmten Vorgaben, konzentriert sich auf Fakten und erarbeitet Informationsmittel für Forschungsrichtungen, Produktionsaufgaben und Leitungsebenen. Er geht gezielt den Bedürfnissen seiner Auftraggeber nach. Dabei nutzen Einrichtungen der Information und Dokumentation

Ländliche Zentralbibliothek in Treuenbrietzen.

auch die Bestände der Bibliotheken und arbeiten mit ihnen auf dem Gebiet der bibliographischen Literaturinformation eng zusammen.

Die Bibliotheken verhelfen ihren Benutzern nicht nur zu einem mehr oder weniger berufsbezogenen Sachwissen. Sie orientieren sich an den Interessen der gesamten Persönlichkeit, und diese bestehen nicht nur aus Beruf und Arbeit.

Das 20. Jahrhundert hat mit seiner enormen Literaturproduktion nicht nur die Regale der Bibliotheken gefüllt, sondern ihnen durch seine Kriege auch den bisher größten Schaden in der Geschichte der Menschheit zugefügt.

Gotthold Ephraim Lessing äußerte sich 1773 in der Vorrede »Zur Geschichte und Literatur«, daß für ihn der Inhalt der Geschichte einer Bibliothek nicht darin bestehe, »daß man die gleichgiltigeren Umstände ihrer Entstehung und ihrer allmählichen Vermehrung mit einer ängstlichen Gewissenhaftigkeit her erzählt; das wäre höchstens die Genealogie der Bibliothek; sondern darauf, daß man zeigt, wozu es denn genutzt habe, daß so viele Bücher mit so vielen Kosten hier zu Haufe gebracht worden. Das allein sind die Thaten der Bibliothek; und ohne Thaten gibt es keine Geschichte.«

So soll denn am Ende dieses Kapitels eine solche Tat großer öffentlicher Wirksamkeit einer kleinen Bibliothek stehen; denn der Index der Kultur eines Landes bemißt sich nicht allein nach dem Bibliothekspotential großer Städte. Treuenbrietzen, eine Kleinstadt mit rund 7000 Einwohnern im Bezirk Potsdam, besitzt den in der Bibliotheksgeschichte verhältnismäßig jungen Typ einer Ländlichen Zentralbibliothek, die bei einem Bestand von 21000 Bänden jährlich 26700 Bücher ausleiht.

Schatzkämmerer oder Futterknecht?

Die Sache und der Mensch Grübler fragen, weshalb die Literaturgeschichte nicht Literatengeschichte und die Bibliotheksgeschichte nicht Bibliothekarsgeschichte heißt. Sie stoßen sich daran, daß Nutztiere bei historischer Betrachtung als Lebewesen im Sachtitel eines Buches (»Entwicklung des Hausrindes«; »Geschichte des Pferdes«) erscheinen und nicht nur (wie bei den Literaten) ihr sekretorisches Produkt oder (wie bei den Bibliothekaren) nur ihr Stall. Ohne die Geschichtsphilosophie lange zu bemühen, lautet die einfache Erklärung: Das Tier kann nicht lesen und läuft daher im Falle seiner Hervorhebung nicht Gefahr, zu falschen Schlüssen über den Gang der Geschichte verleitet zu werden.

Bibliotheksgeschichte ist eine Abstraktion aus dem Denken, Tun und Lassen vieler Individuen unter wechselnden Zeitumständen, beileibe nicht nur von Bibliothekaren; denn der Bibliothekar ist nicht nur ein Verwalter geistiger Güter, so gern er sich manchmal darauf beschränken möchte, sondern auch ein Gehilfe der Macht, in deren Auftrag und nach deren Gutdünken er die Bücher einzusetzen hat. Er mag sich dem, was seiner inneren Überzeugung zuwiderläuft, als Person entziehen können, dem Beruf nimmt er diese Doppelfunktion dadurch nicht. Er kann sie nur durch eine humanistische Grundhaltung und persönliches Engagement in ihren praktischen Auswirkungen relativieren und sich so ein die Machtkonstellationen überdauerndes Vertrauen seiner Leser bewahren.

Die Bibliothekarsgeschichte, würde sie je geschrieben, ergäbe ein Spektrum von Verhaltensweisen, das vom traditionsverpflichteten und verantwortungszerquälten Zauderer bis zum willfährigen Büttel von Eintagslaunen und vom menschheitsbeglückenden Literaturfreund bis zum in Formalien erstarrten Beamten reicht. *Den* Bibliothekar und *die* Bibliothek gibt es in natura ebensowenig wie *den* Baum. Auch das bibliothekarische Berufsbild ist eine Abstraktion der wesentlichen Tätigkeitsmerkmale und Eigenschaften, die individuell ganz verschieden verwirklicht werden. Gewiß formt der Beruf den Menschen, soweit er sich mit ihm identifiziert. Dabei hat der Bibliothekar anderen voraus, daß sich seine Berufsmaterie in die häuslichen vier Wände mitnehmen läßt. Gar nicht zu reden von der Fülle geistiger Anregungen, denen nachzugehen ein Leben viel zu kurz ist.

Was zur »Verkehrssicherheit« des Bibliothekars gehört, ist seit Ende des 19. Jahrhunderts ein sich ständig verändernder Lehrstoff und wird in ausgewählten Teilen bei staatlichen Prüfungen abgefragt. Schulwissen allein garantiert noch keine Bildung. Bildung ist eine geistige Haltung auf Lebenszeit. Der Bibliothekar braucht sie zu seinem Beruf. Wer diese geistige Haltung nicht aufbringt, ist auch mit Examensschein noch kein rechter Bibliothekar. Der ungarische Kollege Imre Bata meinte: »Die Notwendigkeit braucht verschiedene Bibliothekare, aber die Tugend nur gleichartige.«

»Tugend« ist manchem selbstbewußten Kollegen gleichermaßen ein Reizwort wie »Dienen«. Weshalb sollte die Tugend im antiken Sinne der Tüchtigkeit und Tauglichkeit des Individuums keinen Platz mehr in der Ethik des Bibliothekars finden? Auch die philosophische Betrachtung der Tugend durch den Subbibliothekar Immanuel Kant »als moralische Stärke des Menschen in der Befragung seiner Pflicht, die niemals zur Gewohnheit werden, sondern immer ganz neu und ursprünglich aus der Denkungsart hervorgehen soll«, trifft sich mit dem, was einem Bibliothekar ins Stammbuch zu schreiben wäre. Wer nicht gern hört, daß der Bibliothekar zu dienen habe und auf die vielen

Der Bibliothekar. Gemälde von Guiseppe Arcimboldi, 1566.
Dieser italienische Maler kombinierte den Bibliothekar aus Büchern unterschiedlichen Formats und einem Staubwedel.
Skoklosters Slott, Bålsta.

»Dienstleistungsberufe« verweist, die kein besonderes Aufheben damit verbinden, übersieht, daß Dienen beim Bibliothekar eine spezifische Selbstverleugnung meint. Die Versuchung eines Arztes, selbst Patient sein zu wollen, oder die eines Lokomotivführers, sich durch Verlegung der Bahngleise zu profilieren, ist weitaus seltener als die des Bibliothekars, Erkenntnisse aus Büchern selbst schöpferisch zu verwerten, anstatt sie zum Ruhm anderer handlich weiterzureichen. »Wieviel lieber als anderen Leuten Ziegel zu machen, baute ich selbst Häuser«, klagte Theodor Mommsen, und der Bibliothekar Lessing wollte nicht »die Rolle des Stallknechtes übernehmen, der dem Pferd das Futter in die Raufe gibt«.

Die Bibliothekare des Altertums waren meist Gelehrte oder Hofbeamte. Die Überlieferung zeigt, daß viele von ihnen Bedeutendes für die Bibliothek geleistet haben. Die Bestände waren überschaubar, die »niederen Arbeiten« an Hilfskräfte delegiert, so daß die antiken Kollegen wohl ihre zwei oder gar noch mehr Berufe in Einklang zu bringen wußten oder im eigentlichen Sinne gar nicht aufzugeben brauchten. Sie kamen in das bibliothekarische Amt auf Grund einer bereits bestehenden gesellschaftlichen Reputation. Die Bibliothek lag im Tempel oder wurde selbst so ausgestattet, sozusagen als Teil des kultischen Dienstes. Zweifel an der Würde des Bibliothekars dürften bei einer solchen höheren Zuordnung nicht aufgekommen sein.

Die Klosterbibliothekare des Mittelalters fühlten sich in einer übergreifenden Regel aufgehoben. Der Bibliothekar (armarius), meist zugleich auch Kantor, folgte in der Hierarchie des Klosters unmittelbar nach dem Abt und bekleidete noch eine Reihe wichtiger Nebenämter. Der Kantor-Armarius sollte, wie der Abt Adalrich von Cluny im 11. Jahrhundert schrieb, der erste unter allen Amtsträgern sein, von Jugend an im Kloster erzogen und mit den Gepflogenheiten des Hauses bestens vertraut.

Nachdem das mittelalterliche Weltbild zerbrochen war, mußte die Aufklärung auch das Selbstverständnis des Bibliothekars, wenn er aus einer Berufung heraus handeln wollte und in der Bibliothek nicht nur einen Versorgungsposten sah, neu bestimmen. Ihr Prinzip der Vernunft wies den Wissenschaften die Dominanz zu, wobei die Philosophie im Rang der Universalwissenschaft stand. Der Bibliothekar hatte sich also in diesen Wissenschaften zu etablieren, und zwar mit seiner Bibliothek.

Die Anhäufung von Büchern allein ergab noch kein Arbeitsinstrument für eine vordrängende Wissenschaft. Prächtige Bibliotheken des Mittelalters waren auf ihren Schauwert reduziert und nicht selten zusammen mit Bildergalerien und Raritätenkabinetten untergebracht. Einige Erhellung des Bibliotheksalltags dieser Zeit bringen Reiseberichte in der Art des von 1709 bis 1711 geführten Tagebuches »Merkwürdige Reisen durch Niedersachsen, Holland und Engelland« des wohlhabenden Frankfurter Büchersammlers Zacharias Conrad von Uffenbach. Er fand Bücher neben »italiänischen Schlössern für Weibsleute«, »ausgestopften Häuten« berüchtigter Verbrecher und Stiefeln historischer Persönlichkeiten, aber auch in eigenen Gebäuden aufgestellt wie im Trinity College in Cambridge: »Es könte vor eine Bibliothek nicht schöner und bequemer sein.« Die Handschriften hatten es dort weniger bequem; denn der Bibliothekswärter vermachte ihm ein Blatt einer Pergamenthandschrift als Souvenir, weil »der Codex am Ende zerrissen war«. Der Bibliothekar des Peterhouse Collegiums reichte ihm dann zur Benutzung der verschmutzten Handschriften eine Serviette.

Die Bücher brauchten Menschen, die sich ihrer in uneigennütziger Weise im Dienst der Wissenschaft annahmen. Eine Bibliothek lebt aus dem Dialog mit der Gesellschaft, in dem sie sich nur behaupten kann, wenn sie das in ihr gespeicherte Wissen artikuliert. Welches Orchester könnte vor der Öffentlichkeit bestehen, wenn an sich kunstsinnige Leute an den Instrumenten sitzen, aber nicht auf ihnen spielen können oder wollen? Die Bibliothek selbst mußte ein Potential und einen Organisationsgrad erreichen, mit denen sie sich den Wissenschaften zu einer effektiven Benutzung anbot. Wer anders als der Bibliothekar sollte die Bibliotheken auf dieses Niveau heben?

Bibliothekare sind literarische Halbedelsteine,
die sich für Kronjuwelen halten.
Hanns-Hermann Kersten

Der Weg, die Wissenschaft personalisiert in Gestalt von Gelehrten in der Bibliothek anzustellen, nutzte der Sache in einzelnen Fällen, führte aber als Prinzip auch nicht weiter als bei einem Baum, der mit Früchten anderer Sorte behängt wird, um ihn ertragreich erscheinen zu lassen.

Manche dieser sogenannten Professoren-Bibliothekare haben sich ebenso ehrenvoll in die Geschichte ihres Faches wie in die Geschichte ihrer Bibliothek eingeschrieben, allen voran Leibniz, dessen bibliothekarische Leistung wir noch im einzelnen würdigen werden. Sein Briefpartner Antonio Ludovico Muratori, Leiter der Ambrosianischen Bibliothek in Mailand seit 1695, Bibliothekar des Herzogs von Modena seit 1700, gilt noch heute als einer der größten italienischen Historiker. In den 50 Jahren seiner Berufstätigkeit war er der produktivste Benutzer seiner Bibliothek, deren Organisation er geschickt reformierte. Die unter seiner Leitung entstandenen Kataloge sind zum Teil noch immer im Gebrauch. Muratoris späterer Nachfolger Girolamo Tiraboschi erwarb zielstrebig auf der Basis von Ansichtssendungen aus ganz Europa die wissenschaftlichen Neuerscheinungen, festigte die Bibliothek in Modena und schrieb in ihr und mit ihr eine solide Geschichte der italienischen Literatur.

Ob sich das Engagement des Bibliothekars und das des Gelehrten in den günstigen personellen Konstellationen immer die Waage hielten, ist ohnehin nicht in jedem Falle exakt zu belegen. 1674 erschien ein Katalog aller Bestände der Bodleiana in Oxford. Der Bibliothekar Thomas Hyde, anerkannter Orientalist und Hebräist, beschreibt im Vorwort die Last der Arbeit, die allein für die Manuskriptzusammenstellung sechs Jahre und drei weitere Jahre für Drucklegung und Revision erfordert habe. Thomas Hearne vermerkt dazu in seinem Tagebuch, daß Hyde nicht viel mehr als eben dieses Vorwort beigesteuert habe und daß dieser Katalog die Leistung des Janitors (Pförtners) Emanuel Pritchard sei.

Wie sehr eine nutzenstiftende Kombination bibliothekarischer und wissenschaftlicher Aktivität von der persönlichen Arbeitsam-

Herrn
Zacharias Conrad von Uffenbach
Merkwürdige Reisen
durch
Niedersachsen Holland und Engelland
Erster Theil

Mit Kupfern

* *

Ulm und Memmingen
auf Kosten Johann Friederich Gaum
1753

73

Titelblatt zum Tagebuch Zacharias Conrad von Uffenbachs.
Deutsche Bücherei, Deutsches Buch- und
Schriftmuseum, Leipzig.

keit abhängt, zeigt das Beispiel des Sprachforschers Johann Christoph Adelung. Er wirkte schon während seines Studiums an der Universität Halle emsig als Bibliothekar, veröffentlichte nach Zwischenstationen als Lehrer, Übersetzer, Journalist und Korrektor ab 1774 seinen »Versuch eines vollständigen grammatisch-kritischen Wörterbuchs der hochdeutschen Mundart« und ließ 1782 eine Grammatik sowie 1785 eine Stilistik folgen. 1787 zum Oberbibliothekar der Kurfürstlichen Bibliothek in Dresden berufen, setzte er eine Etaterhöhung von 500 auf 3000 Taler durch, entfaltete eine vielseitige Erwerbungspolitik, kümmerte sich um Aufstellung, Katalogisierung und Benutzungsordnung und verfaßte nebenher eine Orthographie der deutschen Sprache, überarbeitete seine früheren Werke für Neuauflagen und widmete sich auch der Geschichte Sachsens.

Für das deutsche Bibliothekswesen des 19. Jahrhunderts sind Robert von Mohl und Friedrich Wilhelm Ritschel stellvertretend für rühmliche Erscheinungen dieser Art zu nennen. Der Staatsrechtler und Politiker (1848 erster Reichsjustizminister) Mohl begründete die »Zeitschrift für die gesamten Staatswissenschaften« (1844) und verfaßte unter anderem auch das dreibändige Werk »Geschichte und Literatur der Staatswissenschaften« (1855–1858), nachdem er die Universitätsbibliothek Tübingen von 1836 bis 1844 erfolgreich im Nebenamt geleitet hatte und in die Bibliotheksgeschichte als Initiator der Sondersammelgebiete, eine unter den Bibliotheken abgestimmte Erwerbung wichtiger ausländischer Spezialliteratur, eingegangen ist.

Ritschel, als klassischer Philologe einer der einflußreichsten Universitätslehrer seines Jahrhunderts, leitete die Universitätsbibliothek Bonn von 1854 bis 1865 nebenamtlich, widmete sich nicht nur ihrer Organisation, sondern zog die Besten seiner Studenten, darunter den nachmalig bedeutenden Bibliothekar Karl Dziatzko, zur Bibliotheksarbeit heran. Viele der Professoren-Bibliothekare aber waren dieser Doppelfunktion nicht gewachsen, nicht nur aus subjektivem Unvermögen, vielmehr wegen der objektiven Schwierigkeit, eine Bibliothek vorbildlich zu führen

Die Bibliothek ist ein Kernstück
in der Organisation der wissenschaftlichen Arbeit.
Georg Leyh

und gleichzeitig im Schrittmaß einer Fachwissenschaft zu bleiben. Ohnehin lassen sich nur bestimmte historische Disziplinen und keine naturwissenschaftlichen Fächer aktiv am Bibliotheksschreibtisch betreiben.

Auch im 20. Jahrhundert beschäftigt den wissenschaftlichen Bibliothekar immer noch Theodor Mommsens Problem, ob er anderen nur Ziegel machen oder selbst auch Häuser bauen soll. Die Aufklärung, der sich der Berufsbibliothekar letztendlich verdankt, hat drei Routen vorgezeichnet, das rettende Ufer eines Selbstverständnisses bei wechselnden Winden anzusegeln: Die Maximalisten heben den Bibliothekar in die Höhe eines Meta-Wissenschaftlers, der über allen Fächern schwebt; die Traditionalisten versuchen weiterhin, dort Profil zu gewinnen, wo sie nicht als Bibliothekare handeln. Die Normalisten geben der Bibliothek den Primat. Ihren Eifer absorbieren Wissenschaften, die Arbeitsabläufe revolutionieren und den Bibliothekar auch als Manager und Technologen herausfordern.

Die bunte Schar Die Bibliotheken gediehen nicht nur in Glanz und Prunk, den schöne Bildbände preisen und staunende Touristen in ihren Erinnerungen forttragen. Sie überlebten (oder gingen unter) im Kampf gegen Kriege, Naturkatastrophen, Rattenfraß, Schimmelbefall, unverständige Dienstherren – und provisorische Mitarbeiter. Der bereits zitierte Bibliophile Uffenbach rügte die englischen Bibliothekare, weil sie sich nicht um ihre Sammlungen kümmerten und ihre »Bücherwissenschaft gemeiniglich gar gering war«. Auch in den anderen bereisten Ländern ereiferte er sich »wegen der Unwissenheit mancher Bibliothecariorum, die man mit Verwunderung sehen und beklagen muß«. Ihn störte die »Forcht des Neides«, wenn der Bibliothekar, statt ihm die begehrten Objekte vorzuführen, nur »ganz kaltsinnig auf und ab ging«. Unwissenheit und »Neid«, die er an den Bibliothekaren schalt, sind einem Mangel an Berufsbildung und wohl auch einer Zurückhaltung gegenüber einem so reichen und aggressiven Sammler geschuldet.

Das Tunkönnen ist oft die Strafe für das Tunwollen.
Friedrich Hebbel.

Die Alltagsgeschichte der Bibliotheken wird zu allen Zeiten auch von Bibliothekaren mitgeschrieben, die nicht zur Personage der Bibliotheksgeschichte aufsteigen; innere Berufung und lustlose Daseinsfristung wohnen eng beieinander. Die Bibliothekare der Frühzeit kamen mit unterschiedlichen Motiven und Neigungen aus anderen Berufen und blieben diesen mehr oder weniger verhaftet.

Das schmale Salär eines Bibliothekars verhalf vielen Schriftstellern zu einer bescheidenen Existenz. Von vielen nennt die Literaturgeschichte nicht einmal mehr den Namen, auch wenn

Der kranke Hölderlin.
Zeichnung von G. Schreiner, 1823.

sie zu ihrer Zeit in vieler Munde waren. Wer kennt noch den »kaiserlich gekrönten Dichter« Hippolyt Hubmeier, der nach und vor anderen Tätigkeiten 1622 Bibliothekar des Herzogs Johann Kasimir in Coburg war und wegen »Unerträglichkeit und Schulden« gar bald wieder abging. Von anderen deutschen Schriftstellern, die heute noch mehr oder weniger Raum und Gewicht in der Literaturgeschichte beanspruchen, weiß man oft nicht, daß sie im Bibliotheksdienst standen:

Johann Jakob Wilhelm Heinse, Roman- und Kunstschriftsteller der Sturm-und-Drang-Zeit, ab 1789 Bibliothekar des Kurfürsten von Mainz.

Friedrich Hölderlin, 1804–1806 landgräflicher Hofbibliothekar in Homburg.

August Heinrich Hoffmann von Fallersleben, Lyriker, u. a. »Das Lied der Deutschen«, 1836–1838 Erster Kustos der Universitätsbibliothek Breslau, 1860–1874 Schloßbibliothekar in Corvey.

Lorenz Leopold Haschka, Dichter der österreichischen Nationalhymne von 1797, Kustos an der Universitätsbibliothek Wien.

Christian August Vulpius, Autor des Dauersellers »Rinaldo Rinaldini«, 1805–1824 Bibliothekar in Weimar als Mitarbeiter Goethes.

August Graf von Platen, Balladendichter, um 1820 an der Universitätsbibliothek Erlangen.

Ludwig Bechstein, Märchensammler, ab 1831 »Kabinetsbibliothekar« und ab 1833 Vorstand der Herzoglichen Bibliothek in Meiningen.

Friedrich Halm, einer der erfolgreichsten österreichischen Dramatiker des Vor- und Nachmärz, unter seinem wirklichen Namen Elegius Frh. von Muench-Bellinghausen, ab 1844 Erster Kustos, später Präfekt an der Wiener Hofbibliothek.

Friedrich Hebbel, »Hofbibliothekar ohne Besoldung und Verpflichtung« des Großherzogs von Sachsen-Weimar.

Hermann Kurz, Romanschriftsteller, u. a. 1843 »Schillers Heimatjahre« in drei Bänden, von 1863–1873 an der Universitätsbibliothek Heidelberg.

Franz von Dingelstedt, u. a. »Lieder eines kosmopolitischen Nachtwächters« (1841), 1843–1846 Bibliothekar des Königs von Württemberg.

Joseph Viktor von Scheffel, u. a. »Der Trompeter von Säckingen« (1854), »Ekkehard« (1855), 1857–1859 Bibliothekar des Fürsten von Fürstenberg in Donaueschingen.

Richard Voß, erfolgreicher Vielschreiber, u. a. »Zwei Menschen« (1911), 1884 zum Bibliothekar der Wartburg ernannt, 1888 wegen Nervenleiden abgegangen.

Wer denkt heute beim Klang des Volksliedes »Am Brunnen vor dem Tore« daran, daß sein Textdichter Wilhelm Müller das Aufstellungssystem für die Herzogliche Bibliothek in Dessau schuf?

Auch die französischen Bibliothekare zählen noch klingende Namen zu den ihren, so Jean Molinet, Hausdichter und Bibliothekar des Hofes von Burgund, der 1477–1492 »L'art de rhétorique vulgaire« (Die Kunst der Rhetorik in der Volkssprache) verfaßte.

Charles Nodier, auch Kulturhistoriker und Naturforscher, 1824–1844 Kustos der Biliothèque de l'Arsenal in Paris, in der sich die romantische Bewegung traf. Seine 1832 geschriebene Erzählung »Der Bibliomane« bildet eigene Neigungen ab, obwohl Modell für die Hauptfigur ein Pariser Notar und Bürgermeister, Antonine-Henri Boulard, mit seiner Sammelwut gestanden hat.

Casimir Delavigne, dessen Drama »Die sizilianische Vesper« (1819) durch Verdi als Opernstoff überlebte.

Alexandre Dumas (Vater), Mitbegründer des romantischen Theaters und Verfasser der unsterblichen »Drei Musketiere« (1844) und des »Grafen von Monte Christo« (1844/45), war Bibliothekar des Herzogs von Orleans.

José Maria Hérédia, einzig größeres Werk »Les Trophées« (1893), als Absolvent der berühmten Ecole des chartes professioneller Bibliothekar und ab 1901 in der Bibliothèque de l'Arsenal.

Anatole France, dessen Anstellung in der Pariser Senatsbibliothek (1876) Spuren im Roman »Aufruhr der Engel« hinterließ.

Christian August Vulpius. Ölgemälde
von Karoline Bardua, undatiert.
Nationale Forschungs- und Gedenkstätten der
klassischen deutschen Literatur, Weimar.

Diese notwendigerweise unvollständige Liste hat ihre Pendants auch in anderen Nationalliteraturen. Der russische Fabeldichter Iwan Krylow, ab 1812 kaiserlicher Bibliothekar in St. Petersburg, der polnische Nationaldichter Adam Mickiewicz als Bibliothekar im Pariser Exil und viele andere wären zu nennen. Wer möchte, kann auch Casanova, der sein abenteuerliches Leben als Bibliothekar des Grafen Waldstein auf Schloß Dux in Böhmen beschloß, in diese Ahnengalerie aufnehmen.

Franz Grillparzer, als Dramatiker der Nachwelt im Gedächtnis, verbrachte von seinen 43 Beamtenjahren neun Monate in der Wiener Hofbibliothek, von der er sich Ende 1813 verabschiedete:

Lebet wohl, ihr guten Musen,
ich verlaß' euch bald,
denn an eurem welken Busen
ist's verzweifelt kalt.

Für den Kopf, ich muß es sagen,
sorget ihr recht sehr,
doch ich hab auch einen Magen,
und den ließt ihr leer.

Sieh den Lorbeer! Was lohnt höher?
Ach, ich hab' ihn satt,
scheid' ich nicht, so braucht ich eher
noch ein Feigenblatt ...

Und in seiner Selbstbiographie schreibt er: »Inzwischen beschäftige ich mich, ich hätte bald gesagt: eifrig, in der Hofbibliothek. Von Eifer war damals in dieser Anstalt überhaupt nicht viel zu bemerken. Die Beamten, beinahe durchaus gutmütige Leute, benahmen sich ungefähr wie die Invaliden in einem Zeughause, oder der Hund beim Heu, bewahrten das Vorhandene, wiesen die Seltenheiten den Besuchern vor, verwendeten die spärliche Dotation zum Ankauf aller gedenkbaren Auflagen der Klassiker und hielten die verbotenen, das heißt alle neueren Bücher, nach

Möglichkeit fern. Von bibliothekarischen Systemalarbeiten war gar nicht die Rede.«

Grillparzer pflückte keinen Lorbeer für den Beruf, Goethe (auf ihn und Lessing kommen wir noch zurück) schon eher.

Das Signal für die endgültige berufliche Etablierung der Frau in den öffentlichen Bibliotheken setzte auch eine (nachher berühmte) Schriftstellerin: Ricarda Huch, nach ihrer Promotion von 1892 bis 1897 Assistentin an der Stadtbibliothek Zürich. Bis dahin tauchen Frauen, ausgenommen die verdienstvollen Klosterbibliothekarinnen des Mittelalters, nur an der Peripherie der Bibliotheksgeschichte auf: Kleopatra, weil Marcus Antonius 32 v. Chr. beschuldigt wurde, er habe ihr die Bibliothek von Pergamon schenken wollen; »Bibliotheksmägde« der Aufklärungszeit, weil sie gelegentlich auch Besucher führen durften; adlige Damen, weil sie Privatbibliotheken besaßen; Ehefrauen, weil sie ihren Mann ums Amt brachten (z. B. Johann Friedrich, Universi-

Der 70jährige Franz Grillparzer in seinem Arbeitszimmer.
Gemälde von F. Kanitz.

tätsbibliothekar in Halle, 1815 wegen des Verdachts der Teilnahme an einem Bücherdiebstahl seiner Frau), Schwiegermütter, weil sie die Kaution für den Bibliothekarsposten stellten (z. B. für Johann Samuel Ersch) oder Witwen, weil sie für Unregelmäßigkeiten des verblichenen Gemahls zu haften hatten, so die Frau des Rudolph Schüler (Scholasticus), der 1669 starb und von 1644 bis 1657 Bibliothekar in Kassel war. Auch die Witwe des Hallenser Universitätsbibliothekars Johann Friedrich Joachim mußte noch sechs Jahre nach dessen Tod im Jahre 1767 75 Gulden Schadenersatz zahlen.

Ricarda Huch. Holzschnitt von Karl Stratil.
Deutsche Bücherei, Deutsches Buch- und Schriftmuseum, Leipzig.

Manches der vermißten Bücher war sicher durch Zerstreutheit verschwunden; denn das größte Kontingent innerhalb der »bunten Schar« stellten in Deutschland die Professoren-Bibliothekare. Auch Prinzenerzieher und gewöhnliche Schulmeister waren darunter, auch der Lottosekretär Johann Ludwig Wetzel (Markgräfliche Privat- und öffentliche Bibliothek Ansbach) und der Universitätskirchner, Auktionator und Proklamator Johann Georg Siegmund Meinel (Universitätsbibliothek in Erlangen 1789–1796).

Unter den Komponisten, die wie Thomas Mancinus, Ignaz Franz von Mosel, François Joseph Fétis, Gaetano Gaspari, Félicien César David im Bibliotheksdienst standen, ist wohl nur noch Hector Berlioz, in den letzten Lebensjahren Bibliothekar des Pariser Konservatoriums, den Musikfreunden ein Begriff.

Der Präfekt der Wiener Hofbibliothek Gerhard van Swieten war gleichzeitig Leibarzt der Kaiserin Maria Theresia. Da die allergnädigste Gesundheit Vorrang hatte, vertraten ihn in der Bibliothek ein Direktor, drei Kustoden, vier Skriptoren, drei Bibliotheksdiener und einige Hausknechte. Der Magdeburger Arzt Karl Möller hingegen ließ seine Patienten warten und arbeitete von 1836 bis 1854 eifrig und täglich zwei Stunden als Sekretär der Universitätsbibliothek.

Der Philosoph Immanuel Kant richtete 1765, zehn Jahre nach seiner Habilitation, ein Gesuch an den König um die Stelle des Subbibliothekars der Königsberger Schloßbibliothek als »Beyhülfe zu Erleichterung meiner sehr mislichen Subsistence«. Er wurde 1766 angestellt, um für Ordnung zu sorgen, »insonderheit bei dem Auflauf junger roher Leute, die sich die Zeit her erkühnt haben, Bücher nach eigenem Gefallen herauszuziehen und das Bibliothekszimmer als öffentliche Promenade zu gebrauchen«. Kant sah sich »in einem ganz fremden und widrigen Felde« beschäftigt und schied 1772 als ordentlicher Professor der Philosophie aus.

Die Bibliothek ist häufig Rastplatz für Höhenflüge oder Fangkorb bei Abstürzen. Peter Schriessheimer wurde 1545 wegen

»Heftigkeit gegen die Kinder« als Gymnasiallehrer abgesetzt und erster Bibliothekar der Straßburger hohen Schule mit der Maßgabe, »in den Dienststunden, in denen keine Benutzer da wären, Cicero für Schulzwecke zu bearbeiten«. Johann Joachim Winckelmann trat die Bibliothekarsstelle beim Grafen von Bünau in Nöthnitz bei Dresden nur für kurze Zeit an, um sich einen »mäßigen Lebensunterhalt zu verschaffen«. Friedrich Zaubitz ging an die Hofbibliothek Darmstadt, weil er im juristischen Berufe nicht voran kam, wurde Akzessist, »nach Art, Verhalten und Kenntnissen gleich ungeeignet«. Max Duncker bewarb sich um einen Posten bei der Berliner Königlichen Bibliothek, »um das väterliche Taschengeld entbehren zu können«. Anton Joseph Pernetty soll seine Stelle an der Königlichen Bibliothek Berlin einer Verwechslung mit seinem Vetter verdanken, wurde als Bewerber Lessing und Winckelmann vorgezogen und war dann »unbedeutend und unbrauchbar«.

Manche frühen Kollegen sind – nur oder auch – in ihrer Beziehung zu bedeutenden Zeitgenossen überliefert. Georg Septimus Andreas von Praun führte Lessing in die Wolfenbüttler Bibliothek ein und »war nicht immer mit ihm einverstanden«; Ernst Theodor Langer wird Erfolg im Ordnen »der unter Lessing vernachlässigten Bibliothek« bescheinigt. Der erste Bibliothekar der Universitätsbibliothek Göttingen, Christian Gottlob Heyne, rügte Goethe, weil dieser in seiner »desultorischen Lebens- und Studienweise« die entliehenen Bücher gar zu lange behielt. Goethe wiederum schritt energisch gegen Johann Christoph Spilker ein, weil dieser Mitgliedern der Weimarer Hofgesellschaft Bücher ohne Leihschein überlassen hatte. Wilhelm Friedrich Hermann Reinwald (Meiningen) war Schillers Schwager und der Bibliothekar der Herzogin Amalia von Weimar, Christian Joseph Jagemann, der Vater der berühmten Schauspielerin Karoline Jagemann.

Entgegen landläufiger Meinung zeigten Bibliothekare auch praktischen Sinn. Johann Ernst Wiedeburg holte 1759 die Bibliothek der Markgräfin Friedrike Sophie Wilhelmine, 4000 Bände,

»auf sieben vierspännigen Wagen von Bayreuth nach Erlangen«. Gottlieb Wilhelm Gerlach rettete 1813 die Bestände der Universitätsbibliothek Wittenberg auf zwei Elbkähnen vor den Franzosen. Auch Jakob Grimm, der Begründer der deutschen Philologie, bewahrte in Kassel, wo er 1808 als Privatbibliothekar König Jérômes »bei hohem Gehalt und wenig Arbeit« tätig war, die Bücher vor »Feuer und Verschleppung nach Frankreich«. Christian Gottlieb Jöcher, seit 1742 Universitätsbibliothekar in Leipzig und Verfasser eines berühmten Gelehrtenlexikons, sorgte für Wärme im Kustodenzimmer, wie auch Karl Philipp Christian Schönemann, von 1831 bis 1854 Vorstand der Wolfenbüttler Bibliothek, die Heizung eines Raumes durchsetzte. Man schätze diese Initiative nicht gering. Schließlich hatte der Vorgänger Kants als Unterbibliothekar der Königsberger Schloßbibliothek, Johann Barthold Goraiski, 1766 seinen Ruhestand wegen der ungeheizten Bibliothek beantragt. Da war Heinrich Ludwig Ernst Deecke (Stadtbibliothek Lübeck) aus anderem Holz: Er legte »im Pelz in der ungeheizten Bibliothek einen Inkunabelkatalog« an. Bei dem Wolfenbüttler Bibliothekar Ludwig Konrad Bethmann zeigte der Sinn für das Praktische einen demilitarisierenden Akzent; er betrieb die »Umwandlung der Pferdeställe der Husaren in Bibliotheksräume«.

1887, zwanzig Jahre nach Bethmanns Tod, löste sein Nachfolger, der Oberbibliothekar Otto von Heinemann das Problem auf noblere Weise. Unter Heinemanns Leitung wurde das baufällige Gebäude der Herzog August Bibliothek durch »ein neues, prunkvolles Haus ersetzt«.

Die Frage, welche Eigenschaften im historischen Verständnis (also ohne Tugendmerkmale Lebender) einen guten von einem schlechten Bibliothekar unterscheiden, beantworten wir in einer imaginären Ruhestätte. Wenn auch im Einzelfall wegen karger Überlieferung möglicherweise ungerecht geurteilt, vertreten die Epitaphe einen gattungsspezifischen Maßstab und scheiden die Geister:

Unsere Eigenschaften müssen wir kultivieren,
nicht unsere Eigenheiten.
Johann Wolfgang von Goethe

Georg Matthias König
Universitätsbibliothek Altdorf
»stand im Ansehen einer
lebenden Bibliothek«
*
Christoph Cellarius
Universitätsbibliothek Halle
»ein Mann, dem die Vermehrung
sehr am Herzen lag«
*
Konrad Samuel Schurzfleisch
Herzogliche Bibliothek Weimar
»ein lebendes Museum,
eine wandelnde Bibliothek«
*
Mathurin Veyssière de La Croze
Kurfürstliche Bibliothek Berlin
»ein Magazin der Wissenschaft«
*
Johann Philipp Jung
Hofbibliothek Darmstadt
»ein alter, treufleißiger,
stiller und im Supplicieren
moderater Beamter«
*
Johann Sigmund Mörl
Stadtbibliothek Nürnberg
»ein lebendes Repertorium«
*
Berend Kordes
Universitätsbibliothek Kiel
»er wußte nicht nur, wo jedes Buch
stand, sondern auch was darin stand«
*
Theodor Klette
Universitätsbibliothek Bonn
»ein Muster nie versagender
Hilfsbereitschaft«
*
Karl Möller
Universitätsbibliothek Marburg
»seine Handschrift war das
einzig unrühmliche an ihm«

David Schellhammer
Stadtbibliothek Hamburg
»so befangen, daß er eine Handschrift
um ihres Inhalts willen,
ins Feuer werfen konnte«
*
Joachim Christoph Bertram
Universitätsbibliothek Halle
»schaute der Entstehung des
Realkataloges in Schlafrock
und Nachtmütze zu«
*
Jean Pierre Louis Marquis de Luchet
Hofbibliothek Kassel
»ein Unglück für die Anstalt
und deren Beamte«
*
Gerhard Friedrich Eigner
Herzogliche Bibliothek Wolfenbüttel
»ohne Beruf und Neigung«
*
Michael Wecklein
Universitätsbibliothek Bonn
»ohne Liebe und Kenntnisse«
*
Johann Georg Friedrich Müller
Universitätsbibliothek Erlangen
»nach eigenem Urteil ohne eine
leise Ahnung vom Bibliothekswesen«
*
Emil Franz Rössler
Hofbibliothek Sigmaringen
»ungeschickt im Zerschneiden
von Sammelbänden«
*
Anton Klette
Universitätsbibliothek Jena
»begabt, aber durch und durch
unzuverlässig«
*
Karl Ebenau
Landesbibliothek Wiesbaden
»eine bibliographische Null«.

Konrad Samuel Schurzfleisch. Kupferstich
eines unbekannten Meisters.
Württembergische Landesbibliothek, Stuttgart.

Für viele war der Bibliotheksposten nur eine, wenn auch nicht üppige, Pfründe. In diesem Sinne machte Karl Ludwig Tolner an der Universitätsbibliothek Heidelberg eine »unsichtbare, durch Faulheit ausgezeichnete Figur«, und Johann Christoph Grabovius »bezog nur den Gehalt« von der Universitätsbibliothek Königsberg, stellte aber einen Ersatzmann.

Johann Gottlieb Friedrich Bohnenberger hat die Universitätsbibliothek Tübingen, »obwohl im Schloß wohnend, fast nie betreten«.

Kurfürst Karl Theodor von der Pfalz ernannte 1767 – wegen der Verdienste des Vaters als Professor der Medizin – den jungen Joseph David von Overkamp zum Universitätsbibliothekar in Heidelberg. Dieser trat einem Vertreter 100 von seinen 310 Gulden Gehalt ab, weil »das Einstellen und Abstauben der Bücher mit einem Besen einem Bibliothekar nicht könnte angesonnen werden« und verkaufte seine Stelle 1793 an Peter Wolfter, den letzten »pfälzischen Bibliothekspfründner«.

Noch üppigere Blüten trieb der Ämterkauf in Frankreich unter dem Ancien régime. Auch bedeutende Bibliothekare rangierten bei der Stellenbesetzung Verwandtschaft vor Sachkenntnis ein. Jacques-Auguste de Thou, geschätzt als Geschichtsschreiber, Staatsmann und Büchersammler und von Heinrich IV. 1593 als »Maître de la librarie« an die Spitze der Bibliothèque du Roi berufen, vererbte sein Direktorat, als er 1617 starb, seinem neunjährigen Sohn François de Thou, der es bis zu seinem Tod 1642 innehatte. Nicolas Rigault, der die Bibliothek eigentlich leitete und die Katalogarbeit initiierte, war offiziell von 1615 bis 1645 »Garde de la librarie«, aber seit 1635 schon Parlamentsrat in Metz. Auch Colbert, mit großen Verdiensten um die königliche Bibliothek, sorgte in seiner Amtszeit dafür, daß sein Bruder Nicolas, der Bischof von Lucon, und sein Sohn Louis das Amt eines »Garde de la librarie« erhielten. Colberts Nachfolger, der Minister Marquis de Louvois, kaufte sofort die Ämter des »Maître« und des »Garde« für seinen ebenfalls erst neunjährigen Sohn Camille Le Tellier auf. Als Abbé de Louvois trat dieser mit 17 Jahren sein Amt an und soll sich durch frühreife Gelehrsamkeit ausgezeichnet haben.

Manche Bibliothekare zeigten in ihrer Untätigkeit einen Anflug von Reue. Philipp Joseph Martin, Universitätsbibliothek Würzburg, hielt »zur Abschwächung der Vorwürfe« ein Kolleg

Mathurin Veyssiere de La Croze. Kupferstich
von Johann Georg Wolffgang, Berlin, 1738,
nach einem Gemälde von Antoine Pesne.
Württembergische Landesbibliothek, Stuttgart.

über Bibliotheksgeschichte und Stanislaus Roccatani von der Münchner Hofbibliothek eine Rede über die öffentliche Bibliothek. Jakob Bernays wirkte an der Universitätsbibliothek Bonn »nur beaufsichtigend, nie mitarbeitend, mehr dekorativ oder ornamental«. Franz Vorländer, Universitätsbibliothek Marburg, »war im Bibliotheksdienst gänzlich ungeeignet und steter Aufsicht bedürftig«. Konrad Frey in Bamberg gar »tat nichts, sondern trank, deshalb Schlagfluß«. Seine Wohnung war »ein Irrgarten von Büchern«.

Es gab auch Männer, die der Bibliotheksarbeit geregelt fernblieben. An der Kurfürstlichen Bibliothek in Berlin hatte Friedrich Heinrich Ursinus von Bär »Montag und Dienstag Dienst«, und mit Peter Ludwig Hendreich war »einmalige Anwesenheit im Monat vereinbart«. Kardinal Angelo Maria Quirini behielt, als er 1730 apostolischer Bibliothekar wurde, seinen Bischofssitz in Brescia bei und kam jährlich nur einmal in die Vaticana nach Rom. Trotzdem lobte ihn Papst Clemens XII.: »Der neue Bibliothekar tut in einem Monat mehr für die Bibliothek, auch wenn er abwesend ist, als sein Vorgänger in 20 Jahren.«

Anwesenheit im Dienst wirkte sich nicht immer positiv aus: »In 40 Jahren Amtsführung verwahrloste die Bibliothek in Königsberg« unter Sigismund Weyer. Unter Philipp Grundel verschmutzte die Fürstbischöfliche Bibliothek in Bamberg »als Keller und Speisekammer dienend furchtbar und wurde um zwei Fuhren Bücher bestohlen«. Christian Wilhelm Büttner hauste nach Goethes Worten im Jenaer Schloß in einer »literarischen Schweinigeley«. Seine Privatbibliothek allerdings wurde von der Jenaer Universitätsbibliothek 1783 aufgekauft. Heinrich Phasian, Universitätsbibliothek Gießen, ließ »100 Werke im Wert von 150 Reichstalern in Verlust geraten«. Aegidius Oertel, 1561 bis 1573 »Verordneter über die Liberey« in München, vernachlässigte oder veruntreute 341 Bände, galt aber als »sonst trefflich und sprachkundig«. Gustav Ludwig Theodor Marezoll hatte in Gießen »wegen verlorengegangener Bücher Verdruß und zahlte 100 Taler Entschädigung«; hernach wurde er Oberappellationsgerichtsrat, was wohl beweist, daß er die Bücher nicht selbst gestohlen hatte. Anders liegen zwei Fälle in Frankreich, wo der Hirt der Bücher sich eindeutig als Wolf entpuppte. Graf Libri-Carucci della Sommaia, Professor, Mitglied der Akademie, Ritter der Ehrenlegion, benutzte sein Amt als Generalinspektor der französischen Bibliotheken, um Tausende wertvoller Bücher und Handschriften zu stehlen. Als er sich nach England absetzte, befanden sich 18 große Bücherkisten im Reisegepäck, die er auf einer Auktion in London ausbot. Die Bibliothek von Troyes wurde 30 Jahre lang von ihrem Direktor, Auguste Harmand, bestohlen. Die Anzeige des Pförtners gegen seinen »ehrenwerten Chef« bewirkte zunächst wenig. Der Zettelkatalog der Bibliothek stand in einer Scheune und war zu Mäusefraß geworden. Eine Eule brachte den ungetreuen Direktor zur Strecke; an den Kasten, an dem sie nistete, hatten sich die Mäuse nicht herangetraut. So konnten die gestohlenen Bücher identifiziert werden.

Wegen Bücherdiebstahls wurden u. a. entlassen aus der Königlichen Bibliothek Dresden 1772 Karl August Scheuereck, aus der Staatsbibliothek München 1841 Johann Baptist Ritter und aus der Universitätsbibliothek Würzburg 1855 Friedrich Anton Leopold Reuss. Rudolf Erich Raspe, Inspektor der Kunst- und Münzsammlung und zweiter Bibliothekar in Kassel, floh 1775 wegen Münzdiebstahls nach England. Die umgekehrte Möglichkeit, erst nach einem Gesetzeskonflikt Anstellung zu finden, demonstriert Laurentius Schreckenfuchs. Er fiel »1572 in Strafe, weil in der Fastenzeit mit dem Degen flanierend« und wurde erst nach dieser Untat Bibliothekar an der Universitätsbibliothek Freiburg i. Br.

Den Schadensfällen folgen einige Beispiele der Erwerbung. Vom Gothaer Hofbibliothekar Ernst Salomon Cyprian ist überliefert, daß »seine Art zu tauschen und zu erwerben, manchmal etwas eigenartig« war, leider ohne Nennung von Details. Julius Euting an den Universitätsbibliotheken Tübingen und Straßburg »überschritt den Etat«. Theodor Horn, Universitätsbibliothek

Greifswald, war bedeutend vorsichtiger und »kaufte in 18 Jahren nur 70 Bände«.

Erfindungsreichtum war bei der Erschließung zusätzlicher Einnahmequellen gefragt. Gerhard Hanewinkel aus Bremen verschickte »Werbebriefe um Spender«. Michael Lilienthal erreichte in Königsberg sogar, »daß jeder beim Eintritt in ein städtisches Amt ein Buch verehren« mußte. Der Oberbibliothekar der Königlichen Bibliothek in Königsberg, Friedrich Samuel Bock, war »vergebens bemüht, der Anstalt aus der Erlaubnis der Haustrauungen neue Einkünfte zu erschließen«. Lorenz Anton Jungnitz, Universitätsbibliothek Breslau, »wollte jeden Studenten für Büchereizwecke mit jährlich 8 Groschen besteuert sehen«. Einen ganz selbstlosen Weg, der die Etatgeber zu allen Zeiten erfreut, ging Wolfgang Reiz an der Universitätsbibliothek Leipzig: »... er verwendete seinen Gehalt zur Anschaffung von Büchern.«

Der Althistoriker und preußische Staatsbeamte Barthold Georg Niebuhr sah in den Komponenten »einigermaßen gesunder Verstand und unterwürfige Arbeitsamkeit« das Essential des Bibliothekars. Eine günstige Möglichkeit, »unterwürfige Arbeitsamkeit« zu zeigen, ist das Katalogisieren. Dazu sind, wenn auch nur fragmentarisch, Zahlen überliefert, aus denen sich ein breites Spektrum ergibt. An der Universitätsbibliothek Marburg ist die Tätigkeit Abraham Boots nur durch einen Eintrag bezeugt. Ludwig Joseph Uhland, Universitätsbibliothek Tübingen 1775 bis 1777, »trug in seiner Amtszeit ganze 45 Werke ein«, sein Vorgänger (1774/75) Johann Jakob Baur »56 gebundene und 29 ungebundene Werke«. Als die Bibliothek des Königs von Frankreich unter Colberts Leitung rasant wuchs, katalogisierte Nicolas Clément 1675 bis 1684 den Bestand in 14 Bänden, um alsbald das Ganze in einem zweiten Katalog mit 35 Bänden (einschließlich der Register) wiederholen zu müssen. Von August Friedrich Gfrörer stammen hingegen »in gewaltiger Arbeit 145 Katalogsbände« der öffentlichen Bibliothek in Stuttgart. An der Spitze der Katalogisierer steht Johann Georg Sieverda, von 1692 bis 1717

93

Besuch des Kaisers in einer Bibliothek, erste Hälfte des 18. Jahrhunderts. Germanisches Nationalmuseum Nürnberg.

in Wolfenbüttel tätig. Auf Anordnung von Leibniz schrieb er »je 32 Büchertitel auf einen Bogen, zerschnitt ihn und ergänzte mit 120 000 Streifen den alphabetischen Realkatalog«. Ihm folgen an der Universitätsbibliothek Landshut Maurus Aloys Harter mit 42 000 und Karl Friedrich Dieterich in Erfurt mit 9 364 katalogisierten Werken.

Auch heute noch kritisieren die Katalogisierer ihre Arbeit untereinander. Anfang des 19. Jahrhunderts bemühte man dazu sogar das Gericht. Friedrich Jacobs, ab 1810 Schloßbibliothekar in Gotha, wurde wegen seiner Kritik an dem von Ignaz Hardt gefertigten Katalog der griechischen Handschriften der Münchner Staatsbibliothek von den dortigen Kollegen »verklagt, aber freigesprochen«.

Vom Bibliothekar wird nicht nur Unterwürfigkeit gegenüber seiner Arbeit erwartet. Mit der hohen Obrigkeit kamen manche gut, andere weniger gut aus. Der Nürnberger Stadtbibliothekar Andreas Myhldorf begrüßte »den Römischen König Joseph und Kaiser Karl VI. mit einem Dystichon«. Hohen Besuch bekamen auch Gottfried Christian Goetze in der Leipziger Ratsbibliothek durch den Kurfürsten von Sachsen und Hieronymus Andreas Mertens in der Stadtbibliothek Augsburg durch Papst Pius VI. Friedrich Leitschuh erhielt gar ein Ehrengrab in Bamberg. Hingegen wurden aus ihrem Amt entlassen der Dresdener Sebastian Leonhard 1591 wegen »Kryptocalvinismus«, der Stuttgarter Regierungsbibliothekar Johann Friedrich Hobbhan 1737 »wegen versuchten Verrats an der Landesreligion« und aus der Landesbibliothek Wiesbaden Helfrich Bernhard Hundeshagen 1817 wegen »unehrbietiger Rede über Verfassung und Minister«.

Die soziale Lage der deutschen Bibliothekare war bescheiden. In der Universitätsbibliothek Jena betrug zu Zeiten Johann Samuel Erschs das »jährliche Salarium für den Bibliothekar ... nicht mehr als 50 Reichstaler aus dem akademischen Fiskus, dazu sechs Scheffel Korn und drei Scheffel Gerste«. Bei Antritt der Stelle mußte eine Kaution von 300 Reichstalern hinterlegt werden, die Erschs Schwiegermutter, die Gerichtsdirektorswitwe Wilhelmine Sophie Hamberger, zur Verfügung stellte. Karl Anton Johann von Cichin, in Wolfenbüttel ab 1758 Bibliothekssekretär und dort durch despektierliche Randglossen auf dem Nachruf von Lessings Arzt verewigt, war »immer in Geldnöten«, desgleichen Theodor Bernd in der Universitätsbiblio-

Johann Samuel Ersch. Lithographie.
Nationale Forschungs- und Gedenkstätten der klassischen deutschen Literatur, Weimar.

Der Bücherwurm. Gemälde von Carl Spitzweg, um 1850.
Sammlung Georg Schäfer, Schweinfurt.

thek Breslau. Johann Philipp Meyer, Schloßbibliothek Gotha, war »ewig und meist erfolglos um Aufbesserung seines Sekretärgehaltes bemüht«. Daniel Boots, Frankfurt (Oder), »gab zu, daß Gratifikationen an Wein für den Bibliothekar kein Debitum, sondern freiwillige Zuwendungen« seien. Schuldig befunden, Wein und Brot auch für Tage bezogen zu haben, an denen sie nicht arbeiteten, wurden Johann Weinmeister, Herzogliche Bibliothek München, und Georg Rueshammer, »Libereiverwondter« in München 1576 bis 1579. Der neben und nach Leibniz in Hannover tätige Johann Georg Eckhart floh 1723 von dort »wegen Schulden« und wurde ein Jahr später vom Bischof von Würzburg zum Hof- und Universitätsbibliothekar berufen.

»Aber hat nicht jeder seinen kleinen Stich?« 1985 überraschte die Pressemitteilung, daß die älteste amtierende Bibliothekarin der USA, die 95jährige Mary Gilette aus Ulster, Pennsylvania, »immer noch je zehn Stunden an drei Tagen der Woche in ihrer Bibliothek« arbeitet und den »Rest ihrer Zeit mit der Lektüre von Neuerscheinungen« verbringt. Jounalisten schlossen daraus, daß Bibliothekar »ein äußerst gesunder Beruf« sei. Ende des 19. Jahrhunderts galt er noch wegen des Bücherstaubes als stark gesundheitsgefährdend, bis Fischer von Röslerstamm in seiner fleißigen Studie »Ist der Bücherstaub dem Menschen schädlich?«, für die er mehrere hundert Biographien durchmusterte, nachwies, daß dem nicht so sei und der Bibliothekar eine durchschnittliche Lebenserwartung von 69 Jahren habe.

Unter den Grabinschriften für römische Bibliothekssklaven des 1. Jahrhunderts fand man eine, die an einen medicus a bybliothecis, einen Arzt für das Bibliothekspersonal, erinnerte. Ob dies als Zeichen besonderer Gesundheitsprophylaxe der Bibliotheksleitung oder als eine signifikante Morbidität der Belegschaft zu interpretieren ist, bleibt offen. Von Heinrich Uhlendahl, von 1924 bis 1954 Generaldirektor der Deutschen Bücherei, ist überliefert, daß er, der stattliche junge Mann, 1913 bei seinem

Dienstantritt in der Preußischen Staatsbibliothek von der Frau des Generaldirektors Milkau gefragt worden sei: »Und was fehlt Ihnen?« Hinter dieser Frage steckt das bis zum heutigen Tag konservierte Vorurteil, daß Gebrechlichkeit zum Bibliothekar prädestiniere. Gewiß schließt das eine das andere nicht aus, wie der tüchtige Katalogisierer Johann Christian Bartholomäi, der »trotz Körperschwäche« Bibliothekar in Weimar wurde, oder Christian Rumpf, der, »obwohl schwerhörig und kurzsichtig, fleißig« an der Universitätsbibliothek Gießen wirkte, beweisen. Aber sie bedingen einander nicht. Schließlich wurde Johann von Fuchte »nach Verlust seiner Stimme« Bibliothekar an der Universitätsbibliothek Helmstedt und wirkte gleichzeitig als Professor der Theologie weiter. Johann Cloeter, Universitätsbibliothek Heidelberg, »trotz blöden Gesichts, sollte, seit 1683 von Studenten unterstützt, Kataloge schaffen und das Gemach vor Ungeziefer hüten«, war außerdem Professor des Natur- und Völkerrechts und Hofgerichtsrat. Klarer lagen die Verhältnisse bei Karl Ebenau, der »wegen eines Halsleidens nicht ins Pfarramt«, sondern in die Landesbibliothek Wiesbaden ging. Auch Johann Wilhelm Emanuel Mannhardt, der an einer »Rückgratverkrümmung« litt, beschränkte seine Wirksamkeit auf die Stadtbibliothek Danzig.

Die Anzahl derer, die aus gesundheitlicher Schwäche den Beruf ergriffen, nimmt sich in der Überlieferung geringer aus als die, deren Konstitution unter der Bibliotheksarbeit entscheidend gelitten hat. Inwieweit eine latente Morbidität vorlag, muß sozialmedizinischen Forschungen vorbehalten bleiben. Mitteilbar ist, daß der Oberinspektor der Berliner Bibliotheken Johann Raue »vielfach durch Kränklichkeit gehindert« war, daß Gottfried Gabriel Bredow »wegen Kränklichkeit nicht zum Oberbibliothekar der Schlesischen Zentralbibliothek gemacht« wurde und daß Johannes Röper, »durch Krankheit gezwungen«, sein Amt als Erster Bibliothekar der Universität Rostock 1879 aufgeben mußte. Gehörleiden überwiegen seltsamerweise die Augenkrankheiten.

Am stärksten aber scheint die Bibliotheksarbeit das Gemüt oder, um wieder mit Niebuhr zu reden, den »einigermaßen gesunden Verstand« anzurühren, wobei dem Berufsfremden manches schon als pathologischer »Stich« erscheint, was der Bibliothekar noch als Normalität begreift. Wir wollen das an der unter ihresgleichen harmlosen Berufskrankheit Titelitis separata librorum (entzündlicher Abfall des Sachtitels vom Buch), deren historische Wurzeln in der scholastischen Buchtitelgelehrsamkeit des ausgehenden Mittelalters liegen, demonstrieren.

Die Doppelnatur des Buches wirft metaphysische Schatten auf den Bibliothekar. Daß er die Buchkörper nur nach den Dimensionen von Zeit und Raum lagern kann, wird ihm gerade noch nachgesehen. Der Geist aus den Büchern hingegen, so meint man, ließe sich unbegrenzt speichern. Bei menschheitlicher Betrachtung teilt der Bibliothekar diese Meinung. In so allgemeiner Version wird diese Forderung aber nicht an ihn herangetragen. Sie konkretisiert sich vielmehr in dem wohlmeinenden Gerücht, der Bibliothekar läse alle seine Bücher und hielte ihren Inhalt zur gefälligen Wiedergabe bereit. Was der antike Kollege noch zu leisten vermochte, ist dem Bibliothekar der Neuzeit allein schon aus Gründen der geistigen Hygiene verwehrt. Dem widerspricht nicht die gelegentliche Feststellung, daß sich der Bibliothekar mehr merkt als einem Autor im Wandel seines Könnens und seiner Ansichten lieb ist. Der Bibliothekar ist nicht das Gedächtnis der Menschheit, er verwaltet es nur. Natürlich leidet er darunter, daß er so viel erwirbt und doch nicht alles geistig besitzen kann. In erfinderischer Anpassung hat sich in ihm parallel zur steigenden Literaturproduktion ein Kompensationsmechanismus entwickelt: Die Welt der Bücher lebt im Bibliothekar vornehmlich in der Abstraktion ihrer Titel. Nicht von ungefähr nannte Werner Bergengruen seinen »unbetitelten Lebensroman eines Bibliotheksbeamten« hintergründig »Titulus«. Bergengruens Gedanken kreisen um eine »Naturgeschichte des deutschen Buchtitels«. Sie berühren nur peripher die Befindlichkeit des Bibliothekars in einer Welt voller Buchtitel, aber sie er-

Es gibt auch Bibliothekare, die den Umgang
mit Büchern pflegen, ohne daran Schaden zu nehmen.
Angelika Mechtel

hellen deren Suggestivkraft. Steht der Bibliothekar im Herbst seines Berufslebens, dann rascheln ihm die Buchtitel wie welke Blätter durch die Gedanken. Von welchem Baum sie einst fielen, läßt sich zwar immer noch feststellen, aber als getrennte Schar führen sie ein Eigenleben und den Bibliothekar öfter in die Versuchung, anstelle gewöhnlicher Redewendungen die Umgangssprache mit ihnen zu würzen. Auch eine neue literarische Gattung, die Titulelle (Kurzprosa, nur aus Buchtiteln bestehend), hat hier ihre geistige Heimat und versucht sich in Komprimaten wie: Das sanfte Gesetz Des Meeres und der Liebe Wellen Verdammt in alle Ewigkeit Die Schule der Diktatoren Jenseits von Eden.

Das tiefenpsychologische Diktum von der latenten Autonomie der Buchtitel, an dem vielleicht auch Freud seine Freude gefunden hätte, erschließt sich einem Laien auch nur durch ein Beispiel: Angenommen, ein Leser früge den Autor dieses Buches, wie er sich bei der Abfassung desselben gefühlt habe, so bekäme er zur Antwort: »Wie die Katze auf dem heißen Blechdach«. Ohne Wissen um die Titelitis separata librorum begriffe dieser Leser nicht, daß der Autor seinen Seelenzustand in die Metapher eines Dramentitels kleidet, ohne damit im geringsten den Inhalt eines Bühnenstückes von Tenessee Williams tangieren zu wollen. Eine solche lapidar-titulöse Antwort entspringt keiner Wortkargheit. Sie ist nur die literarische Zusammenfassung dessen, was der Autor seinem fragenden Leser vielleicht in einem Vorwort in systematischer Darstellung unter Verwendung der im Bibliothekswesen magischen Zahl Drei mitzuteilen hätte, nämlich, er fühlte sich:

1. wie »die Katze«
1.1. weil ihn freundliche Menschen so lange streichelten, bis er begann, sich als Autor herauszuputzen
1.2. weil er das Mausen nicht lassen kann und das Wissen von vielen Leuten an sich nahm
1.3. weil er befürchtet, daß aufgebrachte Kolleginnen und

Bücher-Narr. Kupferstich von Johann Christoph Weigel, um 1710. Museum für Kunsthandwerk, Frankfurt a.M.

Kollegen sich auf den Berufsmantel getreten fühlen und ihm das Fell über die Ohren ziehen werden, um ihre erkältete Seele daran zu wärmen

2. wie »auf dem Blechdach«
2.1. weil es rutschig und nur für flache Bauten verwendbar ist
2.2. weil es hellhörig ist und jedes Geräusch verstärkt
2.3. weil er weiß, daß sein Wort wie Leichtmetall tönt
3. wie »auf dem heißen Blechdach«
3.1. weil Wärme zur Lockerung von unterkühlten Partien notwendig ist
3.2. weil mit der Länge des Aufenthaltes die anfangs wohlige Wärme in quälende Hitze und zielbewußter Gang auf dem Dach in spontanes Hüpfen umschlägt
3.3. weil er doch keine Katze ist und nicht mit glückhaftem Absprung und tierfreundlicher Nachsicht rechnen kann.

So zeigt sich an diesem Beispiel des Denkens und Redens in Buchtiteln, wie vorschnell bei oberflächlicher Diagnose einem Bibliothekar eine krankhafte Gemütsbewegung unterstellt werden kann, wo er doch nur um eine Intellektualisierung der Konversation bei gleichzeitiger Worterspamis bemüht ist.

Die Affinität des Bibliothekars zur Bibliopathie soll damit nicht ausgeschlossen werden. Der Takt verbietet es, aus eigener Erfahrung Kollegen zu benennen, die bei Bearbeitung medizinischer Literatur nach jedem Arbeitstag mit einem anderen Leiden nach Hause gehen oder die als Fachreferenten für Pädagogik wechselnde Erziehungstheorien an ihren Kindern und Bekannten ausprobieren. Wie unverdaute Lektüre einen Bibliothekar zugrunde richten kann, demonstriert Henry de Montherlant in seinem Roman »Ein Mörder ist mein Herr und Meister« (dieser Abschnitt ist mit einem Zitat daraus überschrieben). Seinem Bibliothekar Edouard Exupère, einem Absolventen der berühmten Ecole des chartres, genügt die Lektüre eines Buches, Siegmund Freuds »Einführung in die Psychoanalyse«, um in der Nervenheilanstalt zu enden.

Lektüre ist sicher nur eine Ursache für bleibende Gemütsschäden bei Bibliothekaren. Allein eine Liste der zwischen 1700 und 1900 in geistige Umnachtung gefallenen deutschen Bibliothekare zeigt, daß hier nicht nur schriftstellerische Phantasie, sondern eine durchaus ernstzunehmende Berufskrankheit ihre Opfer fordert:

Georg Friedrich Magnus, Stadtbibliothek Augsburg
Johann Mathias Käuffelin, Universitätsbibliothek Kiel
Georg Wilhelm Siegismund Beigel, Königliche Bibliothek Dresden
Karl Christian Theodor Hempel, Privatbibliothek des Königs von Sachsen
Christoph Wilhelm Evers, Regierungsbibliothek Schwerin
Karl Friedrich Dornedden, Universitätsbibliothek Göttingen
Johann Christian Friedrich Hölderlin, Hofbibliothek Homburg
Friedrich August Wilhelm Rudolph, Universitätsbibliothek Wittenberg
Julius Wilhelm Hamberger, Hofbibliothek München
Friedrich Wilken, Königliche Bibliothek Berlin
Heinrich Aman, Universitätsbibliothek Freiburg
Gabriel Lukas Woltersdorf, Königliche Bibliothek Berlin
Helfrich Bernhard Hundeshagen, nach Entlassung aus der Landesbibliothek Wiesbaden
Wilhelm August Ackermann, Stadtbibliothek Lübeck
Joseph Scherer, Hofbibliothek München
Konstantin Karl Falkenstein, Königliche Bibliothek Dresden
Michael Stenglein, Bamberg
Christian Albert Lindner, Reichstagsbibliothek Berlin
Reinhold Spranger, Stadtbibliothek Leipzig
Raimund Külb, Stadtbibliothek Mainz
Jonas Babad, Universitätsbibliothek Greifswald
Johann Klatt, Königliche Bibliothek Berlin.

Das 20. Jahrhundert ließe leicht ähnliche Beispiele zu.

Leihe nie Bücher aus, kein Mensch gibt sie zurück.
Die einzigen Bücher, die noch in meiner Bibliothek stehen,
sind solche, die ich mir von anderen geliehen habe.
Anatole France

Der Tod und die Leiter Auch Bibliothekare können eines unnatürlichen Todes sterben. Johann Christian Wolf, Stadtbibliothek Hamburg, legte Hand an sich. Karl Andreas Bel, Universitätsbibliothek Leipzig, erhängte sich »neben seinem Bette«. Christian Heinrich Wilhelm Bardili, Königliche Bibliothek Stuttgart, suchte den freiwilligen Tod »in den Fluten des Neckars«. Der schon erwähnte Emil Franz Rössler »starb durch eigene Hand nach lange vorbereitetem Leiden«. Bei Christian Wilhelm von Glück, Hofbibliothek München, ist fraglich, ob es ein »Selbstmord durch Opium« war. Richard Gosche, Königliche Bibliothek Berlin, »starb durch das eigene Rasiermesser«, was auch ein Unglücksfall gewesen sein könnte, so wie Joachim Feller, Universitätsbibliothek Leipzig, »aus dem Fenster seiner Wohnung«, Wilhelm Heinrich Ewald, Schloßbibliothek Gotha, einen Felsabhang hinunter und Karl Gustav Loewe, Universitätsbibliothek Göttingen, »in den Aufzugsschacht zu Tode stürzte«.

Mörderhand erdolchte Johann Joachim Winckelmann, Bibliothekar des römischen Kardinals Albani. Im Falle Johann Christoph Hennings' aus der Universitätsbibliothek Kiel ist die Ursache unklar; man fand ihn »tot im Bett, aber wohl ermordet«.

Der Gipfel »unterwürfiger Arbeitsamkeit« ist erreicht, wenn der Tod den Bibliothekar in der Bibliothek ereilt. Beim Brand des Stiftes Vorau in der Steiermark am 21. November 1237 warf Propst Bernhard II. Handschriften und Urkunden aus dem brennenden Gebäude und kam dabei um. Wilhelm Hemsen von der Königlichen Bibliothek in Stuttgart wurde »tot im Akademiehof« gefunden, was wohl noch zu den Wegeunfällen gerechnet werden muß. Andreas Jung, Stadtbibliothek Straßburg, erkältete sich bei »einem Brand neben der Bibliothek«, und Karl Friedrich Lebret, Oberbibliothekar in Stuttgart, kam »in ungeheizten Bibliotheksräumen zu Tode«. Direkt in den Sielen starben: Petrus Böhm, Hofbibliothek Fulda, »am Schlag in der Bibliothek«, Friedrich Wilhelm Tittmann, Stadtbibliothek Leipzig, »tot in der Bibliothek gefunden«, und Alfred Ockler, Universitätsbibliothek Halle, »tot im Bibliothekssaal gefunden«. Auch der bekannte

Der Tod und der Bücherfreund. Kupferstich von
Johann Rudolf Schellenberg, 1785.
Stadt- und Universitätsbibliothek, Frankfurt a.M.

französische Bibliograph Jaques Charles Brunet starb in der Bibliothek, »das geöffnete Buch auf den Knien«.

Die landläufige Meinung, der Bibliothekarstod habe als häufigste Ursache den Sturz von der Leiter, dürfte durch unsere nekrophilen Abschweifungen widerlegt sein. Er ist in nur drei

Das Bibliothekszimmer (Max) Jordans mit seinem Sarge.
Holzschnitt von Adolph von Menzel.

Fällen belegbar, und zwar bei Johann Matthias Schröckh, Universitätsbibliothek Leipzig, Karl Christian Canzler, Kurfürstliche Bibliothek Dresden, und Friedrich Adolf Ebert, Königliche Bibliothek Dresden. Es ist also mehr eine sächsische Spezialität. Da es sich bei Ebert, auf den wir noch zu sprechen kommen werden, um eine herausragende Erscheinung unter den Bibliothekaren handelt, wurde auch die Ursache seines Todes als typisch für den Beruf angesehen. Wir wollen ihn auch hier bevorzugen und das tödliche Ereignis in einem Augenzeugenbericht von Konstantin Karl Falkenstein, dem Nachfolger Eberts als Bibliothekar in Dresden, wiedergeben. Vorauszuschicken ist, daß Eberts Gesundheit seit Jahren zerrüttet war. Dennoch, so heißt es in Falkensteins Bericht, »war er täglich einige Stunden auf der Bibliothek. So auch am 10. November 1834, wo er eben im zweiten Stockwerke, auf einer Leiter stehend, in dem Fache Jus criminale mehrere neuangekaufte Werke einzureihen im Begriffe war, als die an und für sich nicht hohe Leiter schwankte und Ebert, der sich durch einen Sprung retten wollte, den Arm voll Bücher, zu Boden sank. Seine Amtsgenossen eilen herbei und heben ihn auf. Er kann gehen, ist bei voller Besinnung, nur durch den Schreck angegriffen. Es zeigt sich keine äußere Verletzung. Der Arzt findet bei der Untersuchung nur leichte Contusionen der Schultern, aber es zeigen sich schon am zweiten Tage Spuren von Delirium, eine Gehirnentzündung folgt, und am 13. November endet sein Leben, als er noch nicht das 43. Jahr dieses mühevollen Lebens zurückgelegt hatte.« Der Sektionsbericht ergab, daß er bei einer »so desorganischen Gesundheit wenig heitere Tage mehr zu erwarten hatte«. Übrigens waren die letzten Lebensjahre des Protokollanten Falkenstein auch »wenig heiter«; er starb 1855 in einer Nervenheilanstalt.

Franz Grillparzer, von dessen neunmonatiger bibliothekarischer Tätigkeit bereits gesprochen wurde, erlitt den gleichen Unfall im Wiener Hofkammerarchiv: »Im April 1832 fiel er von einer fünf Klafter hohen Leiter mit einem 50 Pfund schweren Aktenfaszikel in die Tiefe; es geschah ihm nichts, da er das schwere Aktenpaket rechtzeitig fallen ließ.« Grillparzer hat eben nie eine innere Beziehung zu seinen Akten gefunden. Der Bibliothekar Ebert ließ die Bücher nicht fallen.

Ein letztes Mal, in einer Übersteigerung des Makabren, tritt uns die Bibliotheksleiter als ein Requisit des Todes entgegen. Am 12. April 1672 fand man den Hamburger Stadtbibliothekar Johann Blome »mit gefalteten Händen und gekrümmten Knien an einer Leiter hängend« in der Bibliothek, weil ihm »von bösen Leuten übel nachgeredet worden« war. Da verwundert es nicht, daß in der Dissertation von Josef Wirth aus dem Jahre 1932 als »berufserforderliche Eigenschaft« vom Bibliothekar neben der »Fähigkeit der Unterordnung, des Gehorchens und der Einordnung ... des genauen Befolgens von Vorschriften« und einer Reihe anderer Faktoren eine »gute Nervenkonstitution (bei oft drängender und gestörter Arbeit)« verlangt wird.

Der dubiose Ruhm, in einer Bibliothek gestorben zu sein, wird noch übertroffen von dem Wunsch, in ihr begraben zu liegen. Einem Bericht von Plinius dem Jüngeren an Kaiser Traian ist zu entnehmen, daß der Rhetor Dion Chrysostomos im Hof seiner Bibliothek in Prusa am Olympos seine Frau und seinen Sohn beerdigen ließ, was einer heroischen Ehrung gleichkam. Seine politischen Gegner verklagten ihn daraufhin wegen Majestätsbeleidigung: die Statue des Kaisers duldete keine Gebeine gewöhnlicher Sterblicher neben sich. Hingegen wurde dem Humanisten Coelius Calcagninus aus Ferrara die Bitte, im Bibliothekssaal begraben zu werden, gewährt und durch die Inschrift »Index Tumuli Coelii Calcagnini, qui ibidem sepeliri voluit ubi semper vixit« (Hier ist das Grab des Coelius Calcagninus, der sich dort begraben ließ, wo er ständig lebte) der Nachwelt überliefert. In neuerer Zeit verbieten Begräbnisordnungen solche eigenwilligen Sitten.

Der Weg zur »weitläufigen Erkänntnis« Die Betrachtung einiger außergewöhnlicher Schicksale aus der Bibliothekarsgeschichte mag den Eindruck erwecken, die Last überwuchere die

Lust des Berufes. Bei reinlicher Scheidung der Ursachen ist dem aber nicht so. Da wirkt zunächst der Faktor, der in den allgemeinen Verhältnissen begründet ist. Ist das Bildungswesen zerrüttet, werden auch die Bibliotheken zu Grabkammern. Bleiben die Bibliotheken auf »schwache allergnädigste Dotationen« angewiesen, wird ihr Buchbestand nicht repräsentativ. Wird der Beruf nicht ernst genommen, bietet er auch Scharlatanen Unterschlupf. Gibt es keine geregelte Ausbildung, macht jeder, was er für richtig hält. Findet einer keine Einstellung zu seinem Beruf, dann wird er ihm lästig. Die persönliche Schuld des Bibliothekars beginnt auf jeden Fall dort, wo er kein Verhältnis zum Buch und zu dem Dienst, der mit ihm verbunden ist, hat, so wie es aus dem Gedicht »Gruß an Berlin 1838« von Heinrich Stieglitz herauszulesen ist:

Was schaust Du mich an, Bibliothek?
Dich liebe ich nicht! ...
Dies Registrieren, Katalogisieren,
Dies süßmelodische Leitersprossenzählen,
In Bücheröde, Büchereinsamkeit!

Wer kein Blut sehen kann, sollte nicht Arzt werden. Wen die Bücher ängstigen, der taugt nicht zum Bibliothekar. Die Bemühungen, dem Beruf Kontur und den Aktionen Struktur und ein Fundament zu geben, laufen parallel zur bunten Individualgeschichte des Bibliothekars, werden allerdings unterschiedlich wirksam. Fruchtbare Denkansätze zeigen sich dort, wo erkannt wird, daß man junge Leute in diesem Beruf nachziehen muß, daß man einen, von irgendwo hergeholten oder herbeigewehten Bibliothekar nicht durch einen gleichermaßen zufälligen Kandidaten ersetzt, sondern daß sich der Betreffende in der Bibliothek selbst an diese Aufgabe herandient, daß ihm ein geordnetes Wissen vermittelt werden muß und daß dazu eine Theorie der Bibliotheksarbeit und eine Verbesserung des Handwerkszeuges notwendig sind. Dieses berufsstabilisierende Element bringen vor allem die Zentren der Frühaufklärung ein.

Am Hamburger Gymnasium Johanneum hielt Peter Lambeck 1656 bis 1657 Vorlesungen zur »historia literaria«. Dieser Begriff, wir würden heute Wissenschaftskunde sagen, ist mit Literärgeschichte zu übersetzen und nicht identisch mit der heutigen, auf das schöngeistige Schrifttum begrenzten Literaturgeschichte. Literärgeschichte bezieht sich auf alle, auch die wissenschaftliche, Literatur und umreißt damit das Betätigungsfeld des Bibliothekars. Als Vorlesungsstoff dienten Bücher wie die »Bibliotheca universalis« (Zürich 1545–1555) von Conrad Gesner und die »Bibliotheca philosophorum classicorum authorum chronologica« (Zürich 1592) von Johann Jacob Frisius. Francis Bacon hatte eine neue Wissenschaft gefordert. In diesem Sinne versuchten die Autoren, die »Darstellung von Ursprung, Aufstieg und Niedergang sowie Erneuerung und Ausbreitung der Wissenschaften und Künste seit der Schöpfung« in Wissensstoff umzusetzen. In Peter Lambeck spiegelt sich in mehrfacher Hinsicht die Wende in der Berufsauffassung des Bibliothekars. Nach einem Studium der Rechtswissenschaften folgte eine dreijährige bibliothekarische Ausbildung in Rom bei seinem Onkel Lucas Holstenius, dem Sekretär und Bibliothekar des Kardinals Barberini. 1663 wurde er Hofbibliothekar in Wien und sorgte unter anderem für die Erschließung der Handschriften.

Die ersten Vorlesungen zum Bibliothekswesen an einer deutschen Universität hielt Daniel Georg Morhof, der neben einer rechtswissenschaftlichen Professur 1680 die Leitung der Universitätsbibliothek Kiel übernahm. Sein »Polyhistor« (1688–1692) gilt als erste vollständige Gelehrtengeschichte, die sich im ersten Teil aus der Sicht des Bibliothekars mit dem Buch- und Bibliothekswesen befaßt. Darin vertritt Morhof den Standpunkt, daß nur das Bibliothekswesen, wenn es vollständig ausgebildet ist, in der Lage sei, eine allgemeine Kenntnis der Wissenschaften zu vermitteln. Der »Polyhistor« stellte für lange Zeit ein Leitbild für die bibliothekarische Tätigkeit dar. Friedrich Adolf Ebert schrieb in seinem »Allgemeinen bibliographischen Lexikon«: »Das Werk verdient auch heute noch Achtung, wäre es auch nur, weil es das Studium der Literärgeschichte in Deutschland weckte.«

Burcard Gotthelf Struve (Universitätsbibliothekar in Jena 1697–1704) ergänzte mit seiner »introductio in notitiam rei litterariae et usum bibliothecarum« (Jena 1703) Morhofs »Polyhistor«,

Peter Lambeck. Kupferstich eines unbekannten Meisters.
Württembergische Landesbibliothek, Stuttgart.

indem er das dort Behandelte nur streifte und, was fehlte, ausführlich darstellte. Bei Struve stehen der Gebrauch der Bibliotheken und die Benutzung der Literatur im Mittelpunkt.

Neben literarhistorischen Schriften entstanden bibliographische Verzeichnisse, in denen die Bücher nach ihrem Verfasser,

Georg Daniel Morhof. Kupferstich von Christian Fritzsch, 1731.
Württembergische Landesbibliothek, Stuttgart.

Titel, Ort und Jahr ihres Erscheinens nachgewiesen werden, so daß die Bibliothekare eine Übersicht über die existierende Literatur zum Aufbau eines Bibliotheksbestandes erhielten. Die frühesten Verzeichnisse dieser Art wurden von französischen Bibliothekaren bearbeitet und in anderen Ländern nachgedruckt,

Burchard Gotthelf Struve. Kupferstich eines unbekannten Meisters.
Württembergische Landesbibliothek, Stuttgart.

so die »Bibliographia politica« (Venedig 1633) des Gabriel Naudé, der uns bereits als Bibliothekar der Kardinäle Richelieu und Mazarin begegnete, und die »Bibliotheca bibliothecarum« (Paris 1664) von Philipp Labbé, Jesuit, Historiker und Sprachwissenschaftler. Auf dem Felde bibliographischer Verzeichnisse wirkte auch Martin Lipenius mit »Bibliotheca realis medica« (Frankfurt 1679), »Bibliotheca realis philosophica« (Frankfurt 1682) und »Bibliotheca realis theologica« (Frankfurt 1685), die allerdings später von F. A. Ebert keine guten Noten erhielten, sowie Johann Albert Fabricius mit der »Bibliotheca latina« (Hamburg 1697) und der »Bibliotheca latina mediae et infimae aetatis« (Hamburg 1734–1736). Mit Literärgeschichte als Fach, wissenschaftspädagogischen Vorlesungen und Nachschlagewerken über gedruckte Bücher entstand allmählich eine Basis für eine geordnete Ausübung des bibliothekarischen Berufs.

Unter den Berufsbildnern der Aufklärungszeit ist auch Johann Matthias Gesner hervorzuheben. 1723 Bibliothekar der Herzoglichen Bibliothek in Weimar geworden, schuf er dort »einen Nominalkatalog in neun Foliobänden«, was seine Absetzung 1728 durch Herzog Ernst August nicht verhinderte. Nach Rektoraten in Ansbach und an der Leipziger Thomasschule wurde er 1734 Professor der Poesie in Göttingen und Universitätsbibliothekar. Dort verfaßte er seine Schrift »Wie ein Bibliothecarius beschafen seyn müsse«, aus der hier drei Eigenschaften zitiert werden: »Der Aufseher einer solchen Bibliothek soll ein Mann seyn, den die Jugend nicht leichtsinnig und unachtsam, das alter oder Schwachheit nicht unvermögend, vergessen oder verdrieslich macht. Weil er viele leute, auch bisweilen Personen vom stand sprechen muß, soll er, um seinem amt ehre zu machen, in der Mine, Rede, Kleidung u. äußerl. betragen nichts lächerliches, unanständiges, ekelhaftes, unhöfliches haben, sondern den studien ein gut Vorurtheil dadurch zu wege bringen, dass man siehet, der umgang mit einem Heer von alten und neuen, größten theils hoch-Gelehrten, von allen Ländern, sprachen und Zungen habe ihn zu einem bequemen u. zum menschlichen umgang ge-

Johann Matthias Gesner. Kupferstich eines
unbekannten Meisters.
Württembergische Landesbibliothek, Stuttgart.

schickten Manne, nicht aber zum Pedanten u. Sauertopf gemacht ... Der Vorgesetzte einer solchen Bibliothek muß aber auch darinnen von einem Cameralisten unterschieden seyn, daß er die ihm anvertrauten Schätze, so viel sich mit erhaltung dessen, was man hier das Capital nennen kan, ich meine die Bücher selbst, thun lässet, gemein mache, nicht nur den fremden u. in der statt wohnenden Gästen mit einer vorkommenden Leuteseligkeit u. Dienstfertigkeit begegne, sondern auch alle mögliche würkliche Hülfe zu ihren absichten leiste u. sich [durch] die unhöflichkeit und undankbarkeit eines großen theiles der so genannten Gelehrten nicht abschrecken lasse, eines ieden studien u. bemühungen durch treuliche anzeige u. willige darreichung dessen, was ihm dienen kan, zu befördern. Zu dieser Pflicht rechne ich aber nicht, daß er, wie ein Küster in einer alten Kirche, bey allen gästen seinen Spruch anhebe, und zum Verdruß derer, die ihre Zeit besser anzuwenden wissen, und ohne nutzen derer, die nur das Maul aufzusperren pflegen, hersage. Es ist genug, wenn er überhaupt von der Einrichtung der Bibliothek u. von ihrer besonderen Stärcke, wenn sie dergl. hat, das nöthigste kürzlich saget, im übrigen aber sich erbietet, dem besonderen Verlangen ein Genügen zu thun, oder erforschet, mit welcher art büchern dem Gast am meisten gedienet ... Das hauptsächlichste aber, daß von einem Bibliothecario unter den oben gesetzten umständen erfordert wird, ist eine etwas weitläufige Erkänntnis nicht nur der titul. u. Preise der bücher (wie wohl auch diese nicht zu verachten u. nicht zu weitläufig und punctuel seyn kan), sondern auch des Inhalts und der inneren beschaffenheit, güte und wehrtes derselben.«

Drei große Nebenämtler Bevor wir uns dem 19. Jahrhundert, der Wende zum hauptamtlichen Bibliothekar nähern, ist noch dreier Geistesgrößen zu gedenken, die ihren Weltruhm aus anderen Verdiensten beziehen, aber eben auch Bibliothekare waren und in der Ahnengalerie des Berufes gern hervorgehoben werden: Leibniz, Lessing und Goethe.

Gottfried Wilhelm Leibniz, Sohn eines frühverstorbenen Moralprofessors, galt schon an der Leipziger Nicolai-Schule als ein Genie, wurde mit 20 Jahren Doktor und hatte trotz verwandtschaftlicher Beziehungen zum Buchwesen wohl nie daran gedacht, Bibliothekar zu werden, wenngleich er die Bibliotheken von Jugend an fleißig benutzte. Er wollte auch nicht Bibliothekar bleiben. »So bloß und allein mit Büchern umgeben, wenig geachtet und gemeiniglich als zu anderen Dingen untüchtig gehalten zu werden«, schrieb er am 16. Februar 1677 an seinen neuen Dienstherren Johann Friedrich von Braunschweig-Lüneburg.

In die Geistesgeschichte ist Leibniz als der Universalgelehrte schlechthin eingegangen. Er entwickelte die Infinitesimalrechnung, philosophierte über die beste aller möglichen Welten und suchte nach einer Synthese seiner mathematisch-naturwissenschaftlichen Kenntnisse mit der Theologie seiner Zeit. Aber auch Genies müssen sich zu Lebzeiten ernähren. Auf der Suche nach einem Hofamt geriet er an den kurmainzischen Minister und Bibliophilen Johann Christian von Boineburg, der ihm die Verwaltung seiner Bibliothek übertrug. Im Unterschied zu vielen Gelehrten-Bibliothekaren setzte Leibniz auch seine überragenden Fähigkeiten für die Bibliotheksarbeit ein und ging hier genauso systematisch wie in anderen Wissenschaften vor. Er studierte die Theorie, bereicherte sie durch eigene Ansichten und trieb die praktische Anwendung voran. Der Gesamtkatalog der Boineburgischen Bibliothek war mit ca. 10 000 Titelaufnahmen seine erste große bibliothekarische Leistung. Universale Gesichtspunkte flossen ein, als er dem Kurfürsten von Mainz und dem Kaiser in Wien den Vorschlag zu einem »Nucleus Librarius und Bücherkern« unterbreitete. Leibniz plädierte für eine zentrale Lenkung von Buchdruck und Buchhandel. Der »Nucleus« sollte ein kritischer Katalog zu den jeweiligen Buchmessen werden. Leibniz wollte damit erreichen, daß gute Bücher nicht unbeachtet blieben und die weniger guten niemand durch ihre Titel betrügen könnten. Mit dem Tode Boineburgs

Auf Stahl und Stein zu bauen darf keiner sicher trauen,
sie nehmen eher Bruch als ein gelehrtes Buch.
Friedrich von Logau

(1762) und des Kurfürsten von Mainz (1763) verlor er seine Existenz, ging dann nach Aufenthalt im Ausland nach Hannover in die bereits erwähnte Anstellung als Hofbibliothekar.

Die Herzogliche Bibliothek suchte er zu einer Universalbibliothek auszubauen. Als der seinen Plänen wohlgesonnene Johann Friedrich 1679 starb, dessen Nachfolger kein Interesse zeigten und die Bibliothek gar aus dem Leineschloß ausquartierten, geriet Leibniz in die Isolation, der er mit erfolgloser Bewerbung als Hofbibliothekar in Wien zu entweichen versuchte. Auch die Vaticana in Rom und die Königliche Bibliothek in Paris waren im Gespräch. Die Situation besserte sich erst nach seiner Bestallung als Oberaufseher der Bibliothek in Wolfenbüttel durch den Mitregenten Herzog Anton Ulrich von Braunschweig-Wolfenbüttel. Auch hier legte Leibniz sogleich eine Perspektivplanung

Die Herzog August Bibliothek in Wolfenbüttel.

Bücherrad, auf dem noch heute in der Herzog August Bibliothek
in Wolfenbüttel die alten Katalogbände liegen.
Nachbau des 1588 von dem italienischen Ingenieur Agostino Ramelli
beschriebenen Bücherrades mit Planetengetriebe.

für die Bibliothek vor. Er schuf ein praktisches Gliederungsschema mit zehn Hauptgruppen für die systematische Aufstellung des Bibliotheksbestandes und experimentierte mit dem Zettelkatalog. Leibniz, der die Bibliotheken als die »Versammlung der größten Geister aller Zeiten und Völker« bezeichnete, hat in ihnen auch als großer Geist gewirkt, nicht nur durch Nutzung ihrer Bestände, sondern eben auch mit Blick auf die Verbesserung der Benutzungsbedingungen.

In eben diese Bibliothek (heute: Herzog August Bibliothek Wolfenbüttel) trat am 7. Mai 1770 Gotthold Ephraim Lessing als Bibliothekar ein und wirkte in ihr bis zu seinem Tode. Als Vierzigjähriger hatte er, der »vor allen Fesseln und allem, was einem Amte ähnlich sei«, scheute, eine günstig scheinende Anstellung erhalten. Der Herzog räumte ein, »daß Lessing mehr die Bibliothek, als daß die Bibliothek Lessingen nutzen sollte«. Das Jahreseinkommen betrug anfangs 600, später 800 Goldtaler, zuzüglich freier Wohnung. Die Wolfenbüttler Bibliothek stand schon damals in einem guten Ruf. Lessing sollte ihr zu noch größerem Ruhm verhelfen, nicht zuletzt durch die Beiträge »Zur Geschichte und Litteratur: aus den Schätzen der Herzoglichen Bibliothek zu Wolfenbüttel«. Sein Biograph Erich Schmidt rühmt Lessing nach, daß er »viele der vornehmsten Gaben mitbrachte, denen ein Bibliothekar höheren Ranges nicht entraten darf: eine sehr ausgebreitete Literatur- und Sachkenntnis, einen höchst findigen Spüreifer, ein schönes Pflichtgefühl gegen jeden ernsten Benutzer, überhaupt Drang und Vermögen, mit allen ihm anvertrauten Gütern zu wuchern«. Lessings Amtsnachfolger Langer, der die Bibliothek von 1781 bis 1820 leitete, hatte eine ganz andere Meinung von Lessings bibliothekarischen Qualitäten. Friedrich Adolf Ebert (1823–1825), Karl Philipp Christian Schönemann (1830–1854) und Otto von Heinemann (1868–1904) schlossen sich dieser negativen Meinung an. Erst im 20. Jahrhundert wurde Aktenmaterial für eine gerechtere Beurteilung herangezogen. Heinrich Schneider, 1921 bis 1926 Bibliothekar in Wolfenbüttel, wies nach, daß die von Langer gerügte »Unordnung«, in der Lessing die Bibliothek hinterlassen habe, sich lediglich auf die neueren Bestände bezog und richtiger als »Zwischenordnung« hätte bezeichnet werden müssen. Wolfgang Milde hat Lessings Wirken unter den Kriterien Bücherausleihe und Büchererwerbung untersucht und kommt zu dem Ergebnis, daß Wolfenbüttel unter Lessings Bibliothekariat die Ausleihaktivität vergleichbarer Fürstenbibliotheken weit überragt; 1770 bis 1780 sind im Ausleihverzeichnis 5230 Entleihungen eingetragen. Hinzuzurechnen sind auch die Bücher, die auf Grund amtlicher

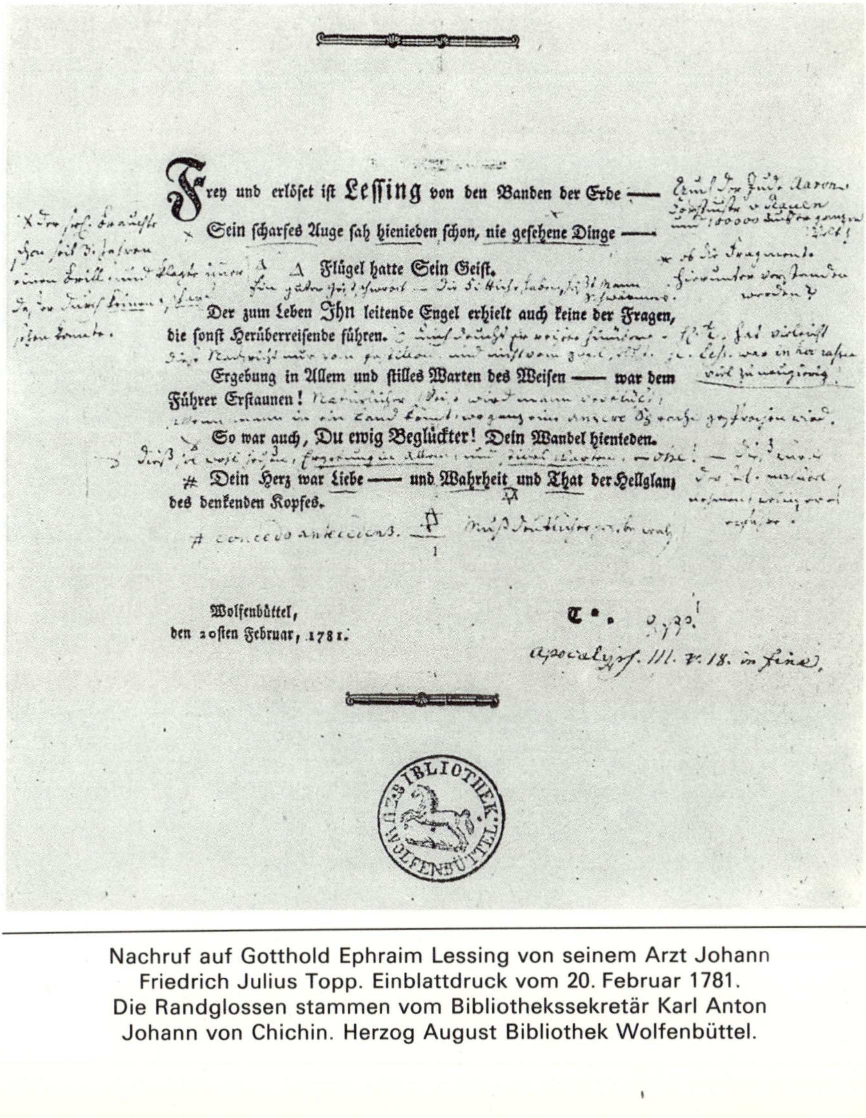
Frey und erlöset ist Lessing von den Banden der Erde —

Sein scharfes Auge sah hienieden schon, nie gesehene Dinge —

Flügel hatte Sein Geist.

Der zum Leben Ihn leitende Engel erhielt auch keine der Fragen, die sonst Herüberreisende führen.

Ergebung in Allem und stilles Warten des Weisen — war dem Führer Erstaunen!

So war auch, Du ewig Beglückter! Dein Wandel hienieden.

Dein Herz war Liebe — und Wahrheit und That der Hellglanz des denkenden Kopfes.

Wolfenbüttel,
den 20sten Februar, 1781.

T.

Apocalyps. III. v. 18. in fine

Nachruf auf Gotthold Ephraim Lessing von seinem Arzt Johann Friedrich Julius Topp. Einblattdruck vom 20. Februar 1781. Die Randglossen stammen vom Bibliothekssekretär Karl Anton Johann von Chichin. Herzog August Bibliothek Wolfenbüttel.

Schreiben des Herzogs und durch Lessings »Privatausleihe« die Bibliothek verlassen haben, ohne das Ausleihregister zu passieren. Die jährlichen Ausleihzahlen von Fürstenbibliotheken lagen damals weit niedriger, z. B. Herzogliche Bibliothek in Stuttgart 130 (1784) und Weimar 16 (1750). Lessing hat also in der Tat »seine« Bibliothek nicht nur für sich benutzt.

Zu den »Kollegen«, die Lessing für »einen sehr schlechten Bibliothekar« hielten, gehört auch Johann Wolfgang Goethe, der, wie es der Bibliothekar Eugen Paunel im Goethejahr 1949 formulierte, »durch 35 seiner reifsten Mannesjahre« der Bibliothek gedient hat. Daß die Bibliothekare sich Goethes bemächtigten, entspringt nicht nur dem verständlichen Bedürfnis nach Aufwertung ihres Berufes, sondern ist durch einen symbolischen Akt, die Hierarchie der Leidtragenden im Leichenzug Goethes durch Weimar, vorweggenommen, indem »die Subalternen der Bibliothek, dem Sarg voranschreitend, den makabren Zug eröffneten«, und »unmittelbar nach dem Leichenwagen, mit der Familie vereinigt, die Herren von der Bibliothek« folgten.

Herzog Carl August übertrug am 9. Dezember 1797 den Geheimen Räten Goethe und Christian Gottlob Voigt die Oberaufsicht über die »hiesige öffentliche Bibliothek und das dabey befindliche Münzcabinet«. 1819 kam auch die Universitätsbibliothek Jena in das Ressort der nunmehrigen Staatsminister Goethe und Voigt. Die Weimarer Hauptbibliothek besaß bei Goethes Amtsantritt als Oberaufseher 50 000 bis 60 000 Bände, 1808 etwa 80 000 und 1830 zirka 130 000 Bände. Zu einer solchen erfolgreichen Bestandsvermehrung verhalf er auch der Universitätsbibliothek Jena durch Ankauf der Privatbibliothek des schon erwähnten Hofrats Büttner und die Vereinigung mit der Schloßbibliothek im Jahre 1824. Goethes Leitungsstil war autokratisch. So sagte er dem Kanzler von Müller am 15. Januar 1821: »Es liege einmal in der Natur der Sache, daß nur einer das Heft bei der Bibliothek in den Händen haben könne. Ein Bibliothekar, der keine Geheimnisse, kein verschlossenes Zimmer habe, sei kein rechter.«

In einem Brief an Voigt (10. Januar 1811) äußert sich Goethe über die Beschaffenheit des Bibliothekars: »Es ist ein allgemein angenommener und durch die Erfahrung bewährter Satz, daß Bewahren und Benutzen zweierlei Dinge sind. Ein tätiger Gelehrter ist kein guter Bibliothekar, und ein fleißiger Maler kein guter Galerieinspektor.« Goethe führte Arbeitstagebücher zur besseren Kontrolle der Dienstpflichten ein, eine Maßnahme, die auch heute noch nicht den Geschmack aller Bibliothekare trifft. Aber Goethes philosophischer Kommentar zu dieser Anweisung schlägt die Gegenargumente aus dem Feld: »Eine tägliche Übersicht des Geleisteten und Erlebten macht erst, daß man seines Tuns gewahr und froh werde, sie führt zur Gewissenhaftigkeit ... Fehler und Irrtümer treten bei solcher täglichen Buchführung von selbst hervor, die Beleuchtung des Vergangenen wuchert für die Zukunft. Wir lernen den Moment, wenn wir ihn alsbald zu einem historischen machen.« (Gespräch mit Kanzler von Müller, 23. August 1827) Die Arbeitszeit in der Bibliothek betrug sechs Stunden täglich »und auch mehr, oft auch an Sonn-

Großherzogliche Bibliothek Weimar. Stich von A. Glaeser, um 1825. Nationale Forschungs- und Gedenkstätten der klassischen deutschen Literatur, Weimar.

und Feiertagen. Der Dienst wurde bisweilen in die Abendstunden verlängert und mußte bei Kerzenlicht verrichtet werden. Eingeschlichene Ferientage, wie z.B. die städtischen Jahrmärkte, wurden abgeschafft.«

Als Bauherren können Bibliothekare ebenfalls von Goethe lernen. Als das Professorenkollegium den Lesesaal der Medizinischen Fakultät in Jena, den Goethe für die Bibliothek nutzen wollte, nicht räumte, wies er an, die Mauer von außen aufzubrechen und die Bücher durch die Öffnung hineinzutragen. In Jena ließ er im November 1817 gegen den Protest einer städtischen Deputation einen Teil der Stadtmauer niederreißen, um »der Bibliothek Licht und Luft zu verschaffen«.

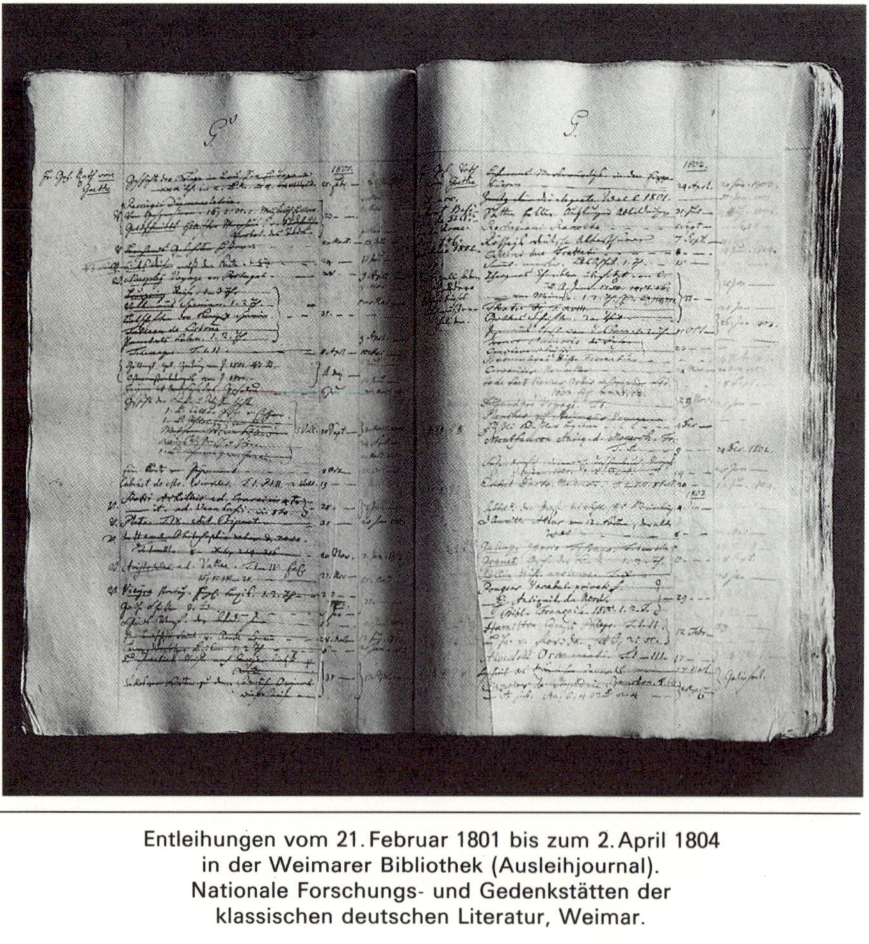

Entleihungen vom 21. Februar 1801 bis zum 2. April 1804
in der Weimarer Bibliothek (Ausleihjournal).
Nationale Forschungs- und Gedenkstätten der
klassischen deutschen Literatur, Weimar.

Goethe verfocht nicht nur die Idee eines Sachkataloges, er regelte sogar, welches Papier wie beschnitten und wie liniert zur Führung des Kataloges benutzt werden sollte. Ordnungssinn und Konsequenz zeigte er auch gegenüber den Lesern. Er regulierte die Benutzung für die Einheimischen, befand großzügig über die Leihanträge Auswärtiger und pochte auf fristgerechte Rückgabe. Anmahnungen gingen an den Großherzog und die Hofleute ebenso wie an Johann Gottfried Herder, der 500 Bände »durch 10 Jahre bei sich zu Hause benutzte«. Herder schickte die Bände zurück – und grollte. Goethe ließ es bei seinen Ermahnungen nicht an Höflichkeit fehlen, wie das folgende Schreiben vom 12. Oktober 1810 an eine höhergestellte Persönlichkeit zeigt: »Ew. Wohlgeboren wünsche in diesen Tagen zu sehen, um mich mit Ihnen auf die hergebrachte, interessante Weise zu unterhalten; vorher aber möchte ich eine Verlegenheit beseitigt wissen, in der ich mich befinde. Sie haben nämlich das von Herzogl. Bibliothek ihnen anvertraute Exemplar des Heldenbuches durch Anstreichen, Beischreiben, Ausstreichen auf eine mir unbegreifliche Weise beschädigt. Die Sache ist bei Herzoglicher Commission zur Sprache gekommen und hat eine sehr unangenehme Empfindung erregt. Auch ist der Vorfall von der Art, daß ich kaum weiß, wie ich eine unerfreuliche Verfügung zurückhalten will. Gar sehr wünsche ich daher, daß Sie mir hierüber einige Erläuterung gäben und einen Anlaß verschafften, der Sache eine Wendung zu geben, wodurch die Bibliothek satisfaciert und das Auffallende des Ereignisses vermindert würde. Neigung und gute Meinung bewegen mich zu diesem außergeschäftlichen Schritte.« Wahrhaft großen Geistern erschließt sich eben die Bedeutung des bibliothekarischen Details.

Die zweite Geburt »In der Geschichte der Gelehrsamkeit, Wissenschaften und Künste überhaupt, und jeder insbesondere darf der Bibliothekar nicht Fremdling seyn«, schrieb Johann Georg Schelhorn 1788, Prediger und Stadtbibliothekar in Memmingen, wie ihn das Titelblatt seiner »Anleitung für Bibliothekare und Archivare« ausweist. Polyhistorische Kenntnisse waren aber nur eine Seite der Berufsarbeit. Aus Wien kam bereits 1784 die Einsicht, daß »öffentliche Lehrer, wenn sie zusätzlich Bibliotheksbeamte seien, entweder dem Lehramt oder der Bibliothekarstelle nicht genügen; daher seien für die Bibliotheksgeschäfte eigens angestellte Beamte nötig«. Der zwanzigjährige Friedrich Adolf Ebert veröffentlichte 1811 »Über öffentliche Bibliotheken, besonders deutsche Universitätsbibliotheken und Vorschläge zu einer zweckmäßigen Einrichtung derselben« und schrieb: »Was sind die mehrsten unserer akademischen Bibliotheken? Staubige, öde und unbesuchte Säle, in denen sich der Bibliothekar von Amts wegen aufhalten muß, um diese Zeit über allein zu sein. Nichts unterbricht die tiefe Stille als hie und da das traurige Nagen eines Bücherwurms.«

Ebert, dessen Berufsweg über die Universitätsbibliothek Leipzig, die Königliche Bibliothek Dresden, die Herzogliche Bibliothek Wolfenbüttel und wieder zurück nach Dresden führte, protestierte gegen die Abwertung des Berufes »als eine bequeme Sinecurastelle fügsamer Gesellschafter oder als eine milde Versorgung verunglückter Erziehungskünstler«. Neben seinem »Allgemeinen bibliographischen Lexikon« (1821–1830) und der »Geschichte und Beschreibung der Königlich-öffentlichen Bibliothek zu Dresden« (1822) ist er uns mit seiner Schrift »Die Bildung des Bibliothekars« (1820) im Gedächtnis geblieben, in der er auch von den moralischen Eigenschaften des Bibliothekars handelt: »Eine der ersten, wo nicht selbst die erste, ist strenge Ordnungsliebe bis ins Einzelne herab, welche sich namentlich auch in steter Rücksicht auf die Möglichkeit eines schnellen oder unerwarteten Todesfalls oder auf die Abnahme oder zufällige Untreue des Gedächtnisses zeigen muß ... Mit derselben Gewissenhaftigkeit lasse er sich ferner die Erhaltung des guten Rufs seiner Anstalt – ihr Ruhm ist der seinige – angelegen seyn. Als treuen Beobachter dieser Pflicht bewährt er sich nicht etwa durch Posaunentöne, übertriebene Lobpreisungen oder hyperbolische Angaben der Bändezahl ..., sondern auch eine sich

Friedrich Adolf Ebert. Federzeichnung. Sächsische Landesbibliothek, Dresden.

selbst aufopfernde Gefälligkeit und Dienstfertigkeit, durch verständige und discrete Bekanntmachung und dadurch bewirkte grössere Zugänglichkeit und Nutzbarkeit der ihm anvertrauten Schätze, aber zugleich in dem selben Grade durch unerschrockenen Ernst gegen Personen, welche in ihrem Dünkel vermeinen, der Bibliothekar müsse ihnen nicht nur sich selbst, sondern auch seinen Beruf und seine Bibliothek aufopfern. ... Endlich aber möge eine nicht minder wichtige und doch nur zu oft vermisste moralische Eigenschaft des Bibliothekars hier Erwähnung finden – es ist die der literarischen Selbstverläugnung und Uneigennützigkeit. ... So bleibt dem gewissenhaften Bibliothekar nur noch nothdürftig diejenige Zeit übrig, deren er zur unentbehrlichen Fortsetzung seiner so mannichfaltigen Studien bedarf, und er kann nebenbei an keine eignen literarischen Arbeiten denken, wenn er seinem nach solcher Anstrengung erschöpften Körper nicht noch die letzten Erholungsstunden abzubrechen gesonnen oder gezwungen ist. Sein Wahlspruch muss seyn: aliis inserviendo consumor, nicht für sich, sondern für andre muss er arbeiten und willig muss er sich selbst Genüsse versagen, die er andern bereitet. So gilt es denn auch vom Bibliothekar: non fit sed nascitur; denn nur eine besondere und ganz eigenthümliche Liebe für sein Fach und seinen Arbeitskreis als solchen kann ihn ermuthigen, die Opfer zu bringen, die er wirklich bringt. Seine Bildung muss eine vielseitige, darum aber nicht weniger gründliche seyn; seine literarische Theilnahme muss sich nach allen Seiten hin gleich weit erstrecken, ohne dass er seine Kraft auf Einen Punct concentrieren und Einen Gegenstand mit besonderer Liebe umfassen darf; seine Tätigkeit wird durch die grösste Mannichfaltigkeit zersplittert, und dennoch muss er selbst den einzelnen Arbeiten einen ausdauernden Fleiss und eine Genauigkeit widmen, welche an Mikrologie grenzt, täglich wird er durch das Behandeln der mannichfaltigsten Gegenstände zerstreut, und doch bedarf niemand mehr eines klaren Bewusstseyns und eines in jedem Augenblicke ihm sicher zu Gebote stehenden Gedächtnisses, als eben er; endlich kündet sich sein ganzes mit so vielen Anstrengungen und Aufopferungen verbundnes Wirken nie laut an, sondern bleibt in den engen Grenzen des stillen Heiligthums seiner Bibliothek ungekannt verborgen, und während der weit bequemeren und genussreicheren Thätigkeit Anderer ein glänzender und rauschender Beifall und Anerkennung zu Theil wird, muss er im erhebenden aber stillen Gefühl der gethanen Pflicht den einzigen Lohn seiner Arbeit finden – ein Lohn, der ihm noch überdies dadurch sehr verkümmert wird, dass er bei dem weiten Umfange seines Wirkens nie im Stande ist, sich selbst zu genügen, und selbst nach dem Gelingen der schwersten Arbeiten nur immer wieder andere vor sich sieht, welche dieselben Anstrengungen und Aufopferungen fordern. Wer nach reiflicher Erwägung dieser Pflichten und nach gewissenhafter Prüfung seiner selbst dennoch sich fähig findet, dem bibliothekarischen Berufe mit Eifer und Liebe sich zu widmen, der gehe muthig und freudig an sein schweres, aber herrliches Werk; fern aber mögen von jeder Bibliothek stets jene Miethlinge bleiben, die nur den eigenen Vortheil, den eigenen Genuss suchen.«

Ganz im Sinne von Ebert heißt es 1824 in einem Gutachten des Heidelberger Juristen Zacharias von Lingenthal, »für einen Professor wird das Gehalt, nicht das Amt die Hauptsache sein. Ein Bibliothekar ist ein homo sui generis«, also ein Mensch eigener Art. Bis zur öffentlichen Anerkennung dieser Tatsache dauerte es aber noch eine geraume Weile.

In Deutschland legte Bayern 1864 erstmalig Bedingungen für eine Berufszulassung fest: ausreichende Kenntnisse in drei Fremdsprachen, akademisches Studium oder ersatzweise eine literarische Tätigkeit von vier Jahren.

In Preußen wurde eine Kommission mit bewährten Bibliothekaren wie Otto Hartwig und Karl Dziatzko zur Festsetzung der Bedingungen für den Bibliotheksdienst berufen, deren Vorschläge im wesentlichen in den am 1. April 1894 in Kraft getretenen »Erlaß betr. die Befähigung zum wissenschaftlichen Bibliotheksdienst bei der Königlichen Bibliothek zu Berlin und den

Königlichen Universitätsbibliotheken« eingingen. Dieser Erlaß legte einleitend fest:

§ 1

Die Fähigkeit für die Anstellung im wissenschaftlichen Bibliotheksdienst wird durch zweijährigen Volontärdienst bei der Königlichen Bibliothek zu Berlin oder einer der Königlichen Universitätsbibliotheken und durch die bibliothekarische Fachprüfung erlangt.

§ 2

Für die Zulassung zum Volontärdienst sind folgende Nachweise erforderlich:

a) das Reifezeugnis eines deutschen humanistischen Gymnasiums;
b) der Nachweis, daß der Bewerber die erste theologische Prüfung, die erste juristische Prüfung, die ärztliche Prüfung oder die Prüfung für das Lehramt an höheren Schulen mit gutem Erfolge bestanden oder an einer deutschen Universität den vorgeschriebenen Habilitationsleistungen genügt hat;
c) der Nachweis, daß der Bewerber von einer deutschen Universität auf Grund einer gedruckten Dissertation und mündlichen Prüfung zum Doktor oder Lizentiaten promoviert worden ist;
d) ein Zeugnis über die bisherige Führung;
e) eine ärztliche Gesundheitsbescheinigung;
f) der Nachweis, daß dem Bewerber mindestens diejenigen Mittel gesichert sind, welche für einen standesgemäßen Unterhalt während zweier Jahre erforderlich erscheinen.

An standesgemäßen Mitteln, die ein Volontariat ermöglichten, wurden »für einen jüngeren, unverheirateten Mann jährlich 1500–2000 M« veranschlagt. Die Zulassung zur Fachprüfung, deren Stoff sich der Kandidat selbständig oder beim »Studium der Bibliothekshilfswissenschaften auf der Universität Göttingen« zu erarbeiten hatte, hing vom Nachweis ab, »ob der Bewerber sich im Volontärdienst als brauchbar bewährt«.

Die Prüfungskommission examinierte gemäß § 7: »Die Prüfung ist eine mündliche und hauptsächlich darauf zu richten, ob der Kandidat sich gründliche Kenntnisse der Bibliotheksverwaltungslehre, der bibliographischen Hilfsmittel und der allgemeinen Literaturgeschichte erworben hat. Außerdem ist zu verlangen eine für bibliographische Arbeiten ausreichende Kenntnis der englischen, französischen und italienischen Sprache und allgemeine Bekanntschaft mit der Geschichte des Schrift- und Buchwesens. Es gereicht dem Kandidaten zur Empfehlung, wenn er sich spezielle Kenntnisse auf dem Gebiet der Paläographie oder der Incunabelkunde erworben hat.«

Nach bestandener Prüfung hatte der Assistent bis zu seiner Anstellung den Bibliotheksdienst »unentgeltlich fortzusetzen« mit der Aussicht auf »jährliche Remuneration von 1200 M« und nach zwei bis drei Jahren auf Beförderung zum »Hülfsbibliothekar« (Jahresgehalt 1800–2400 M). Erst, wenn eine »ordentliche Stelle« frei wurde, konnte er Bibliothekar werden (Jahresgehalt 1800–2700 M, in 24 Jahren bis 5100 M). So hieß es denn auch in einer zeitgenössischen Berufsinformation: »Alles in allem wird also der Bibliotheksanwärter sich noch viele Jahre lang, nachdem er die Universität verlassen hat, auf eigne Füße stellen müssen und länger denn bei manchen anderen Berufen dauert die Zeit des Harrens und Seufzens.«

Der preußische Ministerialerlaß von 1893 wurde dem Sinn nach für alle deutschen Länder verbindlich. Damit war die Zulassung zum Beruf, nicht aber der Inhalt der Ausbildung geregelt. Um die Jahrhundertwende traten auch die ersten Frauen in den Dienst der Bibliotheken, zunächst in öffentlichen Lesehallen und Volksbüchereien, dann auch in wissenschaftlichen Bibliotheken. Bei der Vorbereitung der Eröffnung der Kaiser-Wilhelm-Bibliothek in Posen wurden 1899 sechs Frauen zu den Ordnungs- und Katalogisierungsarbeiten herangezogen. Professor Hottinger gründete 1900 in Berlin eine Bibliothekarinnenschule, eine weitere entstand dann unter Professor Wolfstieg bei der Bibliothek des Preußischen Abgeordnetenhauses in Berlin.

Das Druckenlassen verhält sich zum Denken
wie eine Wochenstube zum ersten Kuß.
Friedrich Schlegel

Bedingungen für die Aufnahme in diese Privatschulen waren »gründliche Allgemeinbildung, Handelskorrespondenz, Absolvierung einer Höheren Mädchenschule, Sprachkenntnisse, Stenographie, Maschineschreiben, große Belesenheit, schöne Handschrift, womöglich ganzjährige – unbezahlte – Praxis an einer Bibliothek«. Die Ausbildung selbst erfolgte in einem Dreivierteljahreskurs in den Fächern »Wissenschaftskunde, Literaturgeschichte, Buchwesen, Buchdruck, Buchbinderei, Papierkunde, Reproduktionsverfahren, Bibliotheksverwaltung und Katalogisierung«.

Ab 1909 gab es in Preußen staatliche Diplomprüfungen für den Dienst an Volksbüchereien und den mittleren Dienst an wissenschaftlichen Bibliotheken, wiederum auf der Grundlage eines ministeriellen Erlasses, nach einer Ausbildung an der Königlichen Bibliothek in Berlin. Die Ausbildung für die Arbeit an Volksbibliotheken wurde später ausgegliedert. 1914 gründete Walter Hofmann an der Zentralstelle für volkstümliches Büchereiwesen in Leipzig die »Fachschule für Bibliothekstechnik und -verwaltung«. In Berlin begannen 1916 unter Paul Ladewig in der Zentrale der Volksbüchereien beim preußischen Kultusministerium die ersten Ausbildungskurse.

Auch in anderen Staaten bereitet sich im 19. Jahrhundert die »zweite Geburt des Bibliothekars« vor, wenn wir darunter eine vom Zufall gelöste und an spezifische Vorbildung und Eignungsprüfung gebundene Tätigkeit verstehen. Die Ausbildungsverfahren laufen unterschiedlich, teils unter der Regie einzelner Bibliotheken oder bibliothekarischer Vereinigungen, teils im Rahmen einheitlicher staatlicher Regelungen, wobei letztere erst im 20. Jahrhundert das Übergewicht erhalten. Zunächst geht es immer um die Klärung der Position des akademischen Bibliothekars.

In Frankreich, wo bereits die Revolutionsbehörden den Plan einer geregelten bibliothekarischen Ausbildung erfolglos vorgelegt hatten, waren die Provinzbibliotheken mit von den Gemeinden ernannten »Amateur«-Bibliothekaren der verschiedensten

Berufe besetzt, und die Pariser Bibliotheken galten als Versorgungsposten. Hier entstand der ausgebildete Bibliothekar zunächst als »Nebenprodukt« des Archivars. Nach der Reaktivierung der Pariser Ecole des chartes, einer Lehreinrichtung für das Archivwesen, im Jahre 1829, standen ihren Absolventen neben den Archivarstellen auch »die Hälfte der an den öffentlichen Bibliotheken frei werdenden Ämter« zu. 1846 wurde dieses Recht auf ein Drittel der Stellen begrenzt. Zum Ausgleich öffneten sich den Absolventen nunmehr auch die kommunalen Bibliotheken. Wie streng man dieses Privileg handhabte, zeigte sich noch 1923 bei der Ernennung von Pierre Roland-Marcel zum Generaldirektor der Bibliothèque Nationale. Der französische Staatsrat erklärte 1927 das Berufungsdekret für ungültig, weil Roland-Marcel kein Absolvent der Ecole des chartes war und nur einem solchen die Position zustand. Wer mit einem Diplom der Ecole des chartes (später auch der Ecole des langues orientales) zur Nationalbibliothek kam, war eingestellt. Besaß der Bewerber nur das Baccalaureat, die Abschlußprüfung einer höheren Schule, mußte er sich einem Examen unter Vorsitz des Generaldirektors unterziehen. Wer auch kein Baccalaureat aufzuweisen hatte, konnte sich zwischen dem 25. und 30. Lebensjahr dieser Prüfung stellen, wenn er vorher mindestens drei Jahre in der Katalogisierung gearbeitet hatte. Für das Personal der Universitätsbibliothek wurde durch Erlaß vom 23. August 1879 dann das »Certificat d'aptitude pour les fonctions de bibliothécaire universitaire« eingeführt. Kandidaten, die sich für dieses Zeugnis schriftlich und mündlich prüfen lassen wollten, mußten ein Universitätsdiplom in Philologie, ein Probejahr in einer Universitätsbibliothek nachweisen und zwischen 21 und 35 Jahre alt sein. Erst 1932 konnte der französische Bibliothekarverein ein »Diplôme technique de bibliothécaire« durchsetzen, das zur Arbeit in allen Bibliotheken befähigte.

Österreich hatte als erstes Land eine Art Bibliotheksgesetz, die am 30. April 1778 erlassene und vom Benediktinerabt Franz Stefan Rautenstrauch ausgearbeitete Instruktion für sämtliche

Universitäts- und Lyzealbibliotheken. Anklänge, »wie ein Bibliothecarius beschaffen seyn möge«, finden sich aber erst im § 2b der Instruktion für die K.K. Universitäts- und Studienbibliotheken vom 23. Juli 1825, wo neben der Gelehrsamkeit vom Bibliothekar gefordert wird eine »eigene Art von zunächst auf das Bücher- und Bibliothekswesen sich beziehenden Kenntnissen, welche man unter Benennung der bibliographischen Kenntnisse zu begreifen pflegt und selbst auch schon mit der Benennung der Bibliothekswissenschaft zu bezeichnen versucht hat«. Die Ausbildung der Bibliothekare wurde dem 1854 gegründeten Österreichischen Institut für Geschichtsforschung mit übertragen, eine Lösung nach französischem Vorbild, die aber, wie es Salomon Frankfurter 1898 beschrieb, doch mehr nur ein »Aktendasein« geführt hat. Der Ministerialerlaß vom 18. November 1895 regelt die Zulassungsbedingungen zum Bibliotheksdienst (Doktorgrad oder Approbation für das Lehramt an höheren Schulen), nicht aber den Inhalt der Ausbildung. Erst 1929 kam eine eigentliche Ausbildungsordnung zustande.

In England fixierte die Incorporation Act von 1753 eine frühe Einstellungsregelung für die Bibliothek des Britischen Museums. Die drei Principal Trusts (der Erzbischof von Canterbury, der Sprecher des Unterhauses und der Großkanzler) schlugen der Krone den Chefbibliothekar vor und stellten das übrige Personal selbst ein. 1860 änderte sich das Verfahren, indem die Bewerber erst einer Prüfungskommission, die aber nur die Fremdsprachenkenntnisse und die allgemeine Bildung der Kandidaten eruierte, vorgeführt wurden. Die Universitätsbibliotheken unterstanden nicht der staatlichen Kontrolle und suchten die Bewerber selbst aus. Sie kamen in der Regel aus den Colleges und betrachteten die Bibliotheksarbeit, nicht zuletzt wegen der schlechten Bezahlung, als einen Übergang zu einem Universitätsamt oder einer geistlichen Pfründe. Es gab aber auch Bewerber, die in der Bibliothek selbst Karriere machten. John Price z. B. trat mit 23 Jahren als Janitor (Pförtner) ein, wurde mit 34 Jahren Bibliothekar der Bodleiana und blieb es 45 Jahre. Einer organisierten Bibliothekarausbildung nahm sich die 1877 gegründete Library Association an. Diese Vereinigung schuf 1882 eine Prüfungsordnung, richtete ab 1893 Sommerkurse, später Unterrichtsklassen an der Londoner School of Economics ein und prüfte ab 1885 in eigener Verantwortung, ohne staatliche Legitimation. Die erste School of Librarianship, eine regelrechte Bibliothekarschule, wurde 1919 an der Universität London errichtet. An die Stelle von Freizeit- und Fernstudium trat ein Jahr Vollstudium mit einem besonderen Studienplan. Diese Bibliothekarschule hielt eigene Prüfungen ab. Es lag im Ermessen der Kandidaten, ob sie sich noch einer zusätzlichen Prüfung vor der Library Association unterzogen. Neben der School of Librarianship blieben alle bisherigen Ausbildungswege bestehen. Die großen Bibliotheken bildeten selbst für den Eigenbedarf aus.

In den Vereinigten Staaten von Amerika gab es bereits kurz nach dem Bürgerkrieg an einzelnen Universitäten bibliographischen Unterricht. In der Frage der systematischen Vorbereitung auf den Beruf waren selbst unter den Bibliothekaren die Meinungen geteilt. Viele schworen auf die Qualifizierung durch die praktische Arbeit. So konnte sich Melvil Dewey mit seiner 1887 an der Columbia-Universität gegründeten School of Librarianship nur zwei Jahre halten und verlegte sie nach Albany. Von dort aus prägte sie die Ausbildung amerikanischer Bibliothekare. Im 20. Jahrhundert folgten andere Universitäten diesem Beispiel. Nachdem Charles C. Williamson 1923 in einem Untersuchungsbericht die Vernachlässigung der akademischen Seite der bibliothekarischen Fachausbildung zugunsten eines »handwerksmäßigen Unterrichts für Büroarbeiter« gerügt hatte, setzte die American Library Association einen ständigen Board of Education of Librarianship ein. Auch das pragmatische Amerika blieb nicht von der Diskussion über das Bibliothekswesen als einer eigenständigen akademischen Disziplin verschont.

Die italienischen Bibliotheken erhielten nach Teilregelungen von 1869 und 1875 im Jahre 1885 das erste zusammenfassende Regulamento mit 191 Artikeln. Für die Ausbildung ist bemerkens-

Ich stelle mir den Bibliothekar der Zukunft
als einen Filter vor zwischen Mensch und Bücherflut.
José Ortega y Gasset

wert, daß Absolventen einer höheren Schule als Lehrling in eine Bibliothek eintreten und über verschiedene Fachprüfungen in Leitungsämter aufsteigen konnten. Anders als in Deutschland war das Universitätsstudium keine Vorbedingung für den wissenschaftlichen Bibliothekar.

»Ein außergewöhnlicher Beruf« Die Zeitumstände der zweiten Hälfte des 19. Jahrhunderts mit ihren einschneidenden ökonomischen, politischen und kulturellen Veränderungen drängten nach einem planvollen Aufbau und einem zweckmäßigen Einsatz der Bibliotheksbestände. Der Gelegenheitsbibliothekar bot dazu keine Garantie. Er mußte, wie die Entwicklung in den einzelnen Ländern bestätigt, durch einen ausgebildeten Fachmann ersetzt werden. Der Examensschein verlieh dem Beruf und seinen Repräsentanten nicht schlagartig Kontur. Er war das Rezept, noch nicht die Arznei. Die Ausbildungsregelung setzte einen Orientierungspunkt und gab dem Bibliothekar die Gewißheit eines »anständigen Berufes«. Daß die Bibliothek als Durchgangsstation für höhere Bestimmung benutzt oder als vorübergehender oder bleibender Unterschlupf verkrachter Existenzen mißbraucht wird, ist ohnehin nie auszuschließen. Der Stoff, der den angehenden Bibliothekaren in ihrer Ausbildung vermittelt werden sollte, war zu allen Zeiten umstritten. Im Spannungsfeld aktuellen Bedarfs und historischer Verpflichtung bleibt Bibliothekar ein dynamischer Beruf. Alle Versuche, ihn in dieser oder jener Richtung einseitig festzulegen, gehen an seinem Wesen vorbei. So sehr der Schein auch trügen mag, es ist ein weltoffener Beruf. Gerade im 20. Jahrhundert ist das Spektrum bibliothekarischer Tätigkeit so breit geworden, daß es sich nur schwer festschreiben läßt und in der Fülle seiner Aufgaben auch nicht in einer Person wahrgenommen werden kann. Abgesehen davon, daß dem Bibliothekar in unserer Zeit neue Informationsberufe an die Seite getreten sind, hat er sich in Ausübung seines Dienstes spezialisiert, sowohl nach einzelnen Bibliothekstypen als auch bei der Arbeit in einer Bibliothek selbst.

Die verschlungenen Pfade nachzuzeichnen, die die akademische Ausbildung der Bibliothekare in Deutschland und anderswo in der ersten Hälfte des 20. Jahrhunderts durchlaufen hat und zum Teil noch durchläuft, ist hier nicht der Ort. Die wissenschaftlichen Bibliothekare sind ohnehin nur der geringere Teil des Bibliothekspersonals. Je größer die Bibliotheken wurden, um so arbeitsteiliger mußten ihre internen Prozesse geregelt werden. Was dem wissenschaftlichen Bibliothekar an Arbeit abzunehmen war, konnte nicht mehr in die Hände von Zufallskandidaten gelegt werden. Also hatte sich das Prinzip ausgebildeter Kräfte auch auf dem wissenschaftlichen Bibliothekar nachgeordneten Ebenen fortzusetzen. Es führt nicht weit, die Aufgabenverteilung anhand der Titulaturen erklären zu wollen. Selbst im deutschsprachigen Raum verbergen sich hinter Berufsbezeichnungen mit gleicher Wortlautung unterschiedliche Qualifikationsgrade und Arbeitsaufgaben.

Im allgemeinen gilt, daß der an einer Universität ausgebildete Bibliothekar für Leitungsaufgaben und als Fachreferent für die Erwerbung und inhaltliche Erschließung wissenschaftlicher Literatur in ihren vielfältigen Formen bestimmt ist. Bibliothekaren, die eine Fach- oder Fachhochschule absolviert haben, obliegen in der Hauptsache Ausleih- und Auskunftsdienst, alphabetische Katalogisierung, bibliographische Tätigkeit, Führung von Zugangsbüchern, Leserberatung und Mitarbeit in Sachkatalogen. In Einzelfällen leiten sie auch kleinere Bibliotheken.

Eine Bibliothek funktioniert nur, wenn sie auf jeder Ebene mit zuverlässigen und ausgebildeten Mitarbeitern besetzt ist. Bei den sogenannten Unterbeamten dauerten die mittelalterlichen Verhältnisse des Zulaufes noch lange an, wie bei Fritz Milkau, dem Generaldirektor der Preußischen Staatsbibliothek, 1933 nachzulesen ist: »Seit 1920 heißen sie Bibliotheksgehilfe, seit 1927 erhalten sie bei bestimmtem Dienstalter und bestimmten Leistungen die Amtsbezeichnung Magazinverwalter, und von diesen wiederum wird ein bestimmter Prozentsatz durch den Titel Amtsmeister ausgezeichnet. In beiden Fällen hat zudem die

Eine Büchersammlung kann mir Gefühle erwecken,
denjenigen verwandt, mit denen man
den gestirnten Himmel betrachtet.
Thomas Mann

Auszeichnung einen nicht sehr starken, aber doch vornehmlichen Klang. Diese neuen Namen bezeichnen ihr Wesen besser als der Bibliotheksdiener; und sie werden den alten Unteroffizieren und Feldwebeln, die nicht allein das Gehorchen, sondern auch das Kommandieren gelernt haben, auch besser anstehen. Denn sämtliche Stellen sind den Militäranwärtern vorbehalten.« Milkau sähe die ausgedienten Unteroffiziere gern »in etwas jüngerem Alter einziehen, körperlich und geistig noch biegsamer, beweglicher, aufnahmefähiger«. Um indes nun dieses »geringe Manko auszugleichen«, hatte die Bibliothek »vor einigen Jahren den Hopliten einen Schwarm leichtbeweglicher Laufjungen zugesellt, die, aus dem unerschöpflichen Material der Volksschule sorgfältig ausgelesen, sich in der Regel schnell anlernen lassen und überall nützliche Verwendung finden«.

Die Staaten, deren Erziehungs- und Bildungssystem keine »Laufjungen« mehr zuläßt und allen einen Lehrberuf garantiert, haben die nicht von einem Bibliothekar auszuführenden Tätigkeiten auf ein Facharbeiterniveau gehoben.

Zu allen Zeiten ist über die Ausbildung des Bibliothekars nachgedacht worden. Wie Naudé, Gesner, Ebert und andere in der Vergangenheit, so meldete sich Horst Kunze, der langjährige Generaldirektor der Deutschen Staatsbibliothek und Direktor des Instituts für Bibliothekswissenschaft und wissenschaftliche Information der Humboldt-Universität zu Berlin, für die Gegenwart zu Wort: »Deshalb kann es nur so sein, daß die beste Voraussetzung für die bibliothekarische vielfältige Praxis eine gediegene Ausbildung in den Grundlagen der Bibliothekswissenschaft schafft, und zwar mit einem zeitlich maximalen, zusammenhängenden Praktikum oder mit mehreren Praktikaabschnitten, in denen gleichsam als Probefahrt die Anwendung der erworbenen theoretischen Kenntnisse erfolgt. Es kommt also wesentlich darauf an zu bestimmen, worin heute die Grundlagen der bibliothekarischen Berufsausbildung bestehen. Die geistreich anmutende Behauptung, der moderne Bibliothekar brauche nichts zu wissen, wenn er nur wisse, wo er Wissen

Gabriel Naudé. Kupferstich von Claude Mellan.
Staatliche Kunstsammlungen Dresden, Kupferstich-Kabinett.

findet, sollte man nicht gedankenlos kolportieren. Sie enthält nur eine Teilwahrheit, nämlich die, daß nicht die Summe angelernter Einzelfakten den Bibliothekar ausmacht, sondern das Verständnis der bibliothekarischen Arbeitsvorgänge und die Erkenntnis ihrer Wesenszüge. Zu beiden gehört eine ganz bestimmte Summe wirklich aktiven Wissens mit der gleichzeitigen Fähigkeit, Inhalt und Zweck der bibliothekarischen Arbeit zu begreifen ... Wer in unserem Beruf alt und grau geworden ist und viele Möglichkeiten und Wege der bibliothekarischen Berufsausbildung teils selbst kennengelernt, teils studiert hat, weiß zudem eins: unsere Ausbildungsregelungen können besser oder schlechter sein. Sie allein machen noch keinen Studierenden, der diesen Beruf, gut oder schlecht beraten, gewählt hat, zum Bibliothekar. Der bibliothekarische Beruf ist ein außergewöhnlicher Beruf.«

Der Bibliothekar Gyula Walleshausen hat sich in Grundsätzen für einen »ethischen Kodex« des modernen Bibliothekars versucht. Sie lauten:

1. besondere, moderne Kenntnisse
2. Aufrechterhalten der Beziehungen mit den Vertretern des Berufes, aktive Teilnahme bei der Lösung der gemeinsamen Probleme
3. selbstlose Hilfe für jeden Leser ohne Ausnahme, Bereitwilligkeit zu einer möglichst vollkommenen Übermittlung des Wissensschatzes der Bibliothek
4. wohlgesinnte Diskretion (vertrauliche Behandlung der Fragen und der Unwissenheit des Lesers)
5. gesellschaftliche Verbundenheit
6. Einschätzung des gesellschaftlichen Bedarfes und Befriedigung der Bedürfnisse
7. Schutz der angesammelten, in Büchern und Schriften niedergelegten Schätze des menschlichen Wissens
8. Pflege der ästhetischen Erscheinung der Bibliothek, geschmackvolle Ausgestaltung, Sicherung der notwendigen Bedingungen für die ungestörte Arbeit der Benutzer.

Dieser ungarische Kollege prägte auch die Sätze »Alles, was in der Bibliothek geschieht, dient den Interessen des Lesers. Mit etwas Übertreibung könnte ich sagen, daß das Erfolgserlebnis des selbstlosen, guten Bibliothekars sich nur im Erfolgserlebnis des Lesers zeigt.«

Sitzen Bibliothekare in lockerer Runde zusammen, dann artikuliert sich ihre Berufsauffassung nicht ganz so edelmütig, wie ein Geselligkeitslied aus den siebziger Jahren unseres Jahrhunderts (im Originalton »Wann wir schreiten Seit' an Seit'«; denn die komponierenden Bibliothekare hinterließen keine geeignete Melodie) zeigt:

Mit Ordnungssinn und Pietät
aller Menschheit Geist verwalten,
ihn als Leuchte erst entfalten
und als Licht dem Autor halten,
||: bis ein neues Buch entsteht.:||

Mancher hochgelobte Band
mancher hochgeschätzten Größen
würde unbedarft verwesen,
drückten wir ihn nicht mit Ösen
||: unsern Lesern in die Hand.:||

Wer da glaubt, im Bücherstaub
gängen Lust und Lied verloren,
sagt es ihm in beide Ohren:
Noch ist uns kein Sinn vergoren,
||: hinter Blässe grünt noch Laub.:||

Außer einer Ermunterung aus den eigenen Reihen erwartet der Bibliothekar kaum Hilfe, das mit seiner Person verknüpfte negative Image abzubauen. In einer empirischen Untersuchung zur bibliothekarischen Berufswahl mußte Frank Heidtmann noch 1974 feststellen: »Es scheint eine Tendenz von seiten der Berufsberater zu bestehen, denjenigen den Bibliothekarsberuf zu empfehlen, die kontaktarm und/oder schwierig sind, körperliche

Überall Volksbibliotheken, Volksgeschichte!
Volkserzählungen! Volkston, Volksmoral und ein
zugleich gewöhnlicher größtmöglicher Volksabsatz.
Karl Gutzkow

Fehler und/oder Krankheiten haben, leistungsschwach erscheinen und/oder Studien abgebrochen haben.« Frau Milkau läßt grüßen!

Wer meint, aus der erzählenden Literatur ein anschauenswertes Bild vom Bibliothekar gewinnen zu können, sieht sich im wesentlichen getäuscht. Wie Klaus Döhmer in seinem Buch und auch andere Berufskollegen feststellten, sind die Bibliothekare für die meisten Schriftsteller »Merkwürdige Leute« geblieben und werden so offeriert, als habe die zweite Geburt des Berufes nicht stattgefunden. In der Regel sind es nur gewesene Bibliothekare, die das Milieu einer Bibliothek im Kern treffen.

Viel aber ist schon gewonnen, wenn der Bibliothekar selbst weiß, daß er einem außergewöhnlichen Beruf nachgeht. Auch hier gilt das Wort des großen Kollegen Goethe: »Wenn ihr's nicht fühlt, ihr werdet's nicht erjagen.«

Alphabetophiler Exkurs in bibliothekarisches Gelände

Ein Wort vor A Wie in den meisten Berufen, so ist auch der Bibliothekar der Autor seiner Fachliteratur. In vielen Büchern und Zeitschriften beschreibt und diskutiert, systematisiert und problematisiert, erleuchtet und vernebelt er zuweilen das weite Feld seiner Tätigkeit. Den wissensdurstigen Leser erwarten seriöse Hand- und Lehrbücher, Regelwerke und Lexika des Bibliothekswesens. Im Raum beengt und frei von der Absicht, eine umfassende Information zu bieten, lassen wir von den Postamenten der »Herren Buchstaben« aus unseren Blick über die dem Bibliothekar täglich aufgegebene Arbeit schweifen, damit uns am Ende nicht wie in »Wallensteins Lager« ein Erster Jäger vorhalten muß:

> Wie er sich räuspert und wie er spuckt,
> das habt Ihr ihm glücklich abgeguckt …

Akzession Im Unterschied zu der Buchhandlung, die danach trachtet, ihre Bücher schnell zu verkaufen und keine Ladenhüter aufkommen zu lassen, ist eine Bibliothek an der Erhaltung und Mehrung ihres Bestandes interessiert. Sie unterhält dazu eine Erwerbungsabteilung, die man früher Akzession nannte. Jede Bibliothek verfolgt bestimmte Erwerbungsgrundsätze, die sich aus ihren öffentlichen Aufgaben ableiten. Die Erwerbungsabteilung sammelt und koordiniert die aus den verschiedenen Dienststellen der Bibliothek (Fachreferate, Leihstelle, Auskunft) eintreffenden Vorschläge für Neuanschaffungen und realisiert sie nach den gegebenen Mitteln und Möglichkeiten. Je nach Größe und Typ einer Bibliothek greifen auch zentrale bibliothekarische Einrichtungen fördernd und regulierend in die Erwerbungsarbeit ein. Die primäre öffentliche Aufgabe wird einer Bibliothek von den herrschenden Bildungs- und Erziehungszielen zugewiesen. Danach bestimmen die Trägerinstitution (Hochschule, Gemeinde, Betrieb usw.) und die von ihr verfolgten Absichten das Profil des Bibliotheksbestandes, der durch Kauf, Tausch, Geschenke und Pflichtexemplare vermehrt wird. Für den Kauf ausgewählt wird nach gewissenhafter Prüfung nur die Literatur, die für die Behandlung eines bestimmten Themas repräsentativ ist, auf der Linie der Anforderungen der Benutzer liegt und im Erwerbungsetat unter Berücksichtigung des gesamten Bestandsaufbaus vertretbar ist. Über das Literaturangebot informieren Verlagsprospekte, Buchhandelszeitschriften, bibliographische Verzeichnisse, Rezensionen in Fachzeitschriften und Ansichtssendungen von Buchhandlungen.

Über den Tauschverkehr der Bibliotheken wird vor allem Schrifttum erworben, das außerhalb des Buchhandels erscheint und daher nicht regulär gekauft werden kann, z. B. Dissertationen. Bibliotheken nehmen in der Regel nur die Literatur als Geschenk an, die in ihr Profil paßt, tolerieren aber im Einzelfall Stifterlaunen. Der New York Public Library vermachte 1943 einer der Erben der American Tabacco Company, George Arents jun., seine Privatsammlung mit der Bedingung, fortan alle Literatur zu erwerben, in der vom Tabak in seinen vielfältigen Formen die Rede ist. Getreu diesem Vermächtnis geriet in die Arents-Collection 1953 für 300 Dollar eine handgeschriebene Erzählung, in der ein Mr. Flem Snopes immerzu Tabak kaute. Über 30 Jahre später erwies sich dieses Manuskript als sensationeller Fund der bislang unveröffentlichten, 1926 geschriebenen Erzählung »Father Abraham« von William Faulkner. Eine flugs veranstaltete bibliophile Ausgabe dieser 24 Seiten kostete nunmehr 200 Dollar pro Exemplar.

In den meisten Ländern gibt es gesetzliche Regelungen, die die Produzenten von literarischen Dokumenten zu einer kostenlosen Ablieferung an bestimmte Bibliotheken verpflichten. Diese Pflichtexemplare sichern einen lückenlosen kulturgeschichtlich wertvollen Nachweis der literarischen Quellen. Der auf unterschiedlichen Wegen erworbene Neuzugang wird in der Erwerbungsabteilung auf seine sachliche Richtigkeit (Identität mit der Bestellung) überprüft und in Listen inventarisiert. Jedes Objekt erhält eine Eigentumsmarkierung (Bibliotheksstempel, Inventarnummer). Danach ist der Standort in der Bibliothek festzulegen, der durch eine Signatur, eine Standortnummer, ausgedrückt wird.

Seit die größeren Bibliotheken von einer systematischen Aufstellung ihrer Bestände in den Magazinen abgegangen sind, hat es sich als notwendig erwiesen, Zugangslisten und Standortkatalog zu einem Arbeitsinstrument zu vereinen. Die Signatur ist zur Inventarnummer geworden, und die Zugangslisten enthalten die bibliographischen Angaben und die Erwerbungsvermerke zu einem Werk. Eine Signatur setzt sich in der Regel aus Gruppenbezeichnung oder Eingangsjahr und einer laufenden Zählung zusammen. Mit Rücksicht auf eine rationelle Auslastung des Stellraumes werden die Zugänge nach Formaten getrennt, damit nicht am Ende ein Folioband neben einem Minibuch steht.

Für die Akzessionierung von Fortsetzungswerken, Zeitschriften, Tageszeitungen und anderen periodischen Veröffentlichungen müssen zusätzliche Fortsetzungskarteien geführt werden, die jede Nummer oder jedes lose Blatt mit dem Eingangsdatum und seiner spezifischen Zählung festhalten. Mit dem Einzug der elektronischen Datenverarbeitung in die Bibliothek werden diese minutiösen Registrierungen zunehmend automatisiert.

Als Erfinder der Standortbezeichnung gilt der 636 gestorbene Bischof Isidor von Sevilla, der Schmuck und Verse als augenfällige Orientierungsmittel für die sachliche Ordnung seiner Bücherschränke einsetzte.

Unter den verschiedenen Werkzeugen des Menschen
ist das erstaunlichste zweifellos das Buch.
Jorge Luis Borges

Bibliographie Nach dem Vorbild der Wörter Geographia und Orthographia sollte die Bibliographia alles das beschreiben, was im weitesten Sinne mit dem Buch zusammenhing. Noch im 19. Jahrhundert verstand man unter Bibliographie die gesamte Buchkunde, die Verzeichnung von Literatur und die verschiedenen Formen ihrer Aufbereitung. G. Peignot schreibt in seinem »Dictionaire raisonné de bibliologie« (Paris 1802): »Da die Bibliographie die umfassendste und allgemeinste aller menschlichen Kenntnisse ist, scheint alles in das Aufgabengebiet des Bibliographen zu fallen. Die Sprache, die Logik, die Kritik, die Philosophie, die Beredsamkeit, die Mathematik, die Geographie und die Urkundenlehre sind ihm nicht fremd.« F. A. Ebert nannte in seinem »Allgemeinen bibliographischen Lexikon« (Leipzig 1821–1830) die Bibliographie den »Codex diplomaticus der Literär-Geschichte«, den sichersten »Grad- und Höhenmesser der literarischen Kultur und Tätigkeit«. Es entstanden bibliographische Gesellschaften, die sich mit der Literatur im allgemeinen beschäftigten. Auch das im Jahre 1826 von Joseph Meyer als Verlag gegründete Bibliographische Institut leitet seinen Namen von diesem weitläufigen Inhalt des Begriffs Bibliographie her und sieht sich heute noch in dieser Tradition. In englischsprachigen Ländern wird unter »bibliography« sowohl die Verzeichnung literarischer Dokumente als auch die Geschichte des Buches verstanden. Auch in den deutschsprachigen Ländern ist die Bezeichnung nicht eindeutig. Das bibliographische Verzeichnis, die Lehre, die Theorie des Faches – alles heißt Bibliographie.

Die bibliographischen Verzeichnisse sind älter als der ihnen zugedachte Name. Die nach Erfindung des Buchdruckes steigende Buchproduktion verwehrte dem einzelnen Interessenten, die Menge des Gedruckten zu überblicken. Die auf den Messen vertretenen Buchhändler, die »Buchführer«, schlugen ihre Angebotslisten öffentlich an. Die Nürnberger Ratsverordnung von 1545 bestimmte sogar, »daß alle puechfierer ire indices aus den Messen in die Cantzlei« geben sollten. Zur Unterrichtung der Kundschaft entstanden Meßkataloge, die allmählich auf Bücher erweitert wurden, die der betreffende Händler nicht bei sich führte, aber zu beschaffen gewillt war. Der Augsburger Buchhändler Georg Willer brachte 1564 einen solchen Katalog und ab 1574 ein laufendes »Verzeichnis fast aller neuen Bücher« heraus. Die Kunden mußten nun nicht mehr den Büchern hinterherlaufen, um sich über Neuerscheinungen zu informieren. Gelehrte und Bibliothekare verfaßten kommentierte Übersichten zur Literatur und nannten sie »Catalogus«, »Bibliotheca« oder – erstmalig verwendet bei dem schon erwähnten Gabriel Naudé – »Bibliographia«. In seiner »Bibliographia politica« (Venedig 1633) beschrieb er die nach seiner Meinung wichtigste Literatur zu Fragen des Staates und des Rechts aus dem Fundus der Völker und Zeiten durch Angabe der Autoren, deren Ansichten er zusammenfaßte und kritisch bewertete, und der abgekürzten Buchtitel.

Form und Inhalt der bibliographischen Verzeichnisse sind zu allen Zeiten unterschiedlich, leider auch in ihrer Genauigkeit. Wir verstehen heute unter einem bibliographischen Verzeichnis eine geordnete Zusammenstellung von Beschreibungen der Form (→ Titelaufnahme) und des Inhalts literarischer Dokumente für einen bestimmten Zweck, der darin bestehen kann,

- die gesamte literarische Produktion eines Landes oder einer bestimmten Region öffentlich zu registrieren (z. B. Nationalbibliographien);
- Forschung, Lehre und Praxis über fachlich wichtige Literatur zu informieren (Fachbibliographien);
- Lektüre zur Förderung der Allgemeinbildung zu empfehlen (empfehlende Bibliographien).

Außer Büchern, Zeitschriften- und Zeitungsaufsätzen werden auch Landkarten, Musikalien, Schallplatten, Kunstblätter u. ä. auf diese Weise registriert und bewertet. Ohne bibliographische Verzeichnisse wäre heute niemand mehr in der Lage, einen Überblick über das für ihn und seine Arbeit bedeutsame Schrifttum der Welt zu erlangen.

Computer Datenverarbeitung – das Erfassen, das Aufbereiten, Aufbewahren, Weiterleiten von Informationen – betreibt der Bibliothekar zeit seines Berufes nach einem mehr oder weniger peniblen Reglement. Das Neue ist, daß die zu verarbeitenden Daten zusammen mit besonderen Verarbeitungsprogrammen, in elektronische Impulse umgesetzt, in einer Rechenanlage den Operationen unterworfen werden, die bisher von Kopf und Hand der Bibliotheksmitarbeiter ausgeführt wurden.

Ralph Parker führte 1936 die von dem amerikanischen Ingenieur Hermann Hollerith (die nach ihm benannte Zählmaschine mit elektromechanischer Abfühlung wurde erstmals 1889 bei der amerikanischen Volkszählung eingesetzt) erfundene Lochkarte für die Verbuchung der ausgeliehenen Literatur ein. Der Bibliothekseinsatz programmgesteuerter Datenverarbeitungsanlagen ging ebenfalls von den USA aus. Nach 1950 setzte eine regelrechte Automatisierungswelle ein, die mit einem Jahrzehnt Verzug auch Europa erreichte. Begonnen wurde mit Ordnungs-, Kontroll- und statistischen Aufgaben, deren Erledigung festen Regeln in einer wiederkehrenden Abfolge gehorcht, z. B. das Ordnen nach dem Alphabet. Automatische Ausleihverbuchung, Katalog- und Bibliographieherstellung wurden die vornehmlichen Anwendungsfelder der EDV im Bibliothekswesen.

Rechentechnisch betrachtet, ist eine Bibliothek eine große Datenbank, die ihre Informationen mit umständlichen, weil an menschlichen Energieaufwand gebundenen Verfahren unter die Leute bringt. Diese Umständlichkeit verdankt sie hauptsächlich ihren gedruckten Informationsträgern. Aus kommerzieller Sicht ist die Bibliothek eine unrentable Lagerhaltung, konzentriert sich nicht auf die gerade gängige Ware und verkauft ihre Informationen unter dem Wert. Das schuldet sie ihrem Kulturbewußtsein und ihrer Gemeinnützigkeit.

Mit dem Slogan »Ihre eigene Universitätsbibliothek online zu Hause« (»online« = direkter Anschluß per Kabel) wirbt ein amerikanischer Datenbankbetreiber für den Verkauf seiner Literaturinformationen. Man wählt telefonisch eine solche Datenbank an und bekommt die Informationen auf dem häuslichen Bildschirm serviert. Ob es sich dabei tatsächlich um eine vollständige Universitätsbibliothek handelt, sollte man ebenso gelassen hinnehmen wie das anhaltende Glücksgefühl, das nach dem Genuß einer bestimmten Margarinesorte versprochen wird. Werbung hat ihren eigenen Stil. Tatsache ist, daß es rund 2000 solcher Datenbasen gibt, von denen ungefähr 700 weltweit in Anspruch genommen werden können. Ihre Zahl wächst weiter. Zum Angebot solcher Firmen gehört auch die Übermittlung von Literaturzitaten mit Inhaltszusammenfassungen und auch der Volltext von Aufsätzen u. a. per Kabel oder als Datenträger im Postversand. Anfang 1983 hatten die 20 größten Datenbankanbieter der USA 350 000 Abonnenten. Man offeriert nicht nur wissenschaftlich-technische Literatur. Selbst die komplette Bibel ist zusammen mit einem Suchprogramm zum Preise von 119 Dollar als Diskette zu erwerben und am Heimcomputer zu lesen. Auch Bibliotheken unterhalten maschinenlesbare Datenbanken und »Online«-Dienste für ihre Benutzer.

In der papierfreien Information sieht der Bibliothekar eine Ergänzung, nicht den Ersatz für das Buch und die anderen Druckerzeugnisse. Bislang ruhte die Gewißheit um eine Zukunft seines Berufes auch darauf, daß die Daten, die den Inhalt von Millionen Büchern ausmachen, in diesem Umfang nicht elektronisch gespeichert werden konnten und daß die sachgerechte Erschließung von literarischen Dokumenten an die menschliche Intelligenz gebunden blieb. Mit Genugtuung las der Bibliothekar, daß die Denkvorgänge des menschlichen Gehirns nicht linear, sondern in mehreren Verarbeitungsprozessen gleichzeitig ablaufen, während die Computer alles in einer einfachen Reihe ohne die dem Menschen eigenen assoziativen Fähigkeiten verarbeiten. Durch die rasante Entwicklung der Mikroelektronik erscheinen nun die Computer der 5. Generation am Horizont, denen vorausgesagt wird, sie seien tausendmal leistungsfähiger als die jetzigen Superrechner, sowohl in der Speicherkapazität als auch in ihrer »Intellektualität«. Ein 8 × 8 mm großer Siliziumchip beherbergt zur Zeit bis zu 64 000 Schaltelemente. Die auf dieser Basis arbeitenden Superrechner vollbringen rund 800 Millionen Rechenoperationen in der Sekunde. Bei Ersatz der Siliziumbasis durch eine Gallium-Arsen-Verbindung sollen sich die Rechenoperationen auf 10 Milliarden pro Sekunde steigern lassen. Aus Japan ist zu hören, daß die Computer der 5. Generation menschliche Denkprozesse imitieren und daher zur Mustererkennung, zur Entscheidungsfindung und auch zum Verstehen der natürlichen Sprache eingesetzt werden können. Lernfähige und schlußfolgernde Computer kämen dem Bibliothekar allerdings auch bei seiner intelligenten Tätigkeit ins Gehege. Die Futurologen sehen unsere Nachfahren mit einem kleinen Lederetui hantieren, das ein solargetriebenes Terminal und Chips mit den Werken der Weltliteratur enthält. In diesem Licht muß es als ein Akt vorgreifender Pietät verstanden werden, daß sich die EDV-Terminologen des Begriffs Bibliothek in Zusammenhängen wie Programmbibliothek u. ä. bemächtigt haben. Im System Librarian Utility Programme, das auch nichts mit der guten alten Bibliothek im Sinne hat, gibt es bereits den »Bibliothekar LBR«, der als Teil des Betriebssystems durch ein bestimmtes Kommando gestartet wird. Das schmerzt den noch lebenden Bibliothekar, aber er sieht so wenigstens seinen Namen bewahrt.

Die Vollmotorisierung, die bequeme Fortbewegung als Komfort anpries, hat nach einiger Zeit zur Wiederentdeckung des Laufens und zum anstrengenden Hometrainer geführt. Die Nachkommen derer, die heute so stürmisch mit der Losung »From book to byte« zu Felde ziehen, meißeln vielleicht eines Tages Buchstaben in die Wände ihres Hobbyraumes, um wieder ordentlich lesen zu können – und alles fängt von vorn an.

Desiderata Der Ruf einer Bibliothek hängt nicht nur an den Büchern, die sie besitzt, sondern auch an denen, die ihr fehlen. Folglich hat sie den Wunsch, dringlicher gesagt: das Bedürfnis (für beides steht das lateinische Wort desiderium), diese Lücken zu schließen. Die Desideratenkartei enthält Titel noch nicht vorhandener oder in Verlust geratener Bücher. Die Möglichkeiten, wie einer Bibliothek ein Buch verloren geht, sind vielfältig. Von alters her drohen Mäuse, Ratten, Schaben, Bücherläuse und Bücherwürmer (fatalerweise ein umgangssprachliches Synonym für Bibliothekare) dem Buch mit schleichender Vernichtung. Unter letzteren nimmt der Brotbohrer (Brotkäfer) die Spitzenstellung (80 Prozent aller Bohrschäden) ein. Mittlerweile ist Nagetieren der freie Zutritt verwehrt. Insekten kann auf chemischem Weg der Appetit auf ihre Lieblingsspeise verdorben werden. Die Zerfallserscheinungen durch Übersäurung des Papiers schränken die Buchrestauratoren ein. Neben Naturereignissen ist paradoxerweise der Mensch der Hauptfeind des Buches geblieben, vor allem durch Krieg und systematische Büchervernichtung aus politischen Motiven.

Den kollektiv organisierten Schaden vermehren eine Reihe Einzeltäter, die das Bestreben der Bibliothek, eine immer größere Freizügigkeit zu bieten, schamlos ausnutzen. Den Leiden, die einem Bibliotheksbuch durch Nachlässigkeit in Form verkippten Kaffees oder der brennenden Zigarette als Lesezeichen drohen, kann durch entsprechende Benutzungsbedingungen bis zu einem gewissen Grade vorgebeugt werden, wenn auch nicht mehr mit der Strenge des Mittelalters. Um 1485 drohte Papst Innocenz VIII. Bücherdieben mit Kirchenbann. Nach einem Beschluß von 1492 mußten drei Viertel der Senatsmitglieder einer Entleihung aus der Marciana in Venedig zustimmen. Wer ein Buch nicht zurückgab, hatte 500 Dukaten Strafe zu zahlen. Als der Mantueser Hercules Girlandus 1526 ein Werk von Euklid entlieh, verlangte die Markus-Bibliothek einen goldenen Ring als Pfand.

Die schmerzlichsten Verluste entstehen nicht durch Unachtsamkeiten, sondern durch rationalen Einsatz krimineller Energie. Die Rasierklinge, vom Trockenrasierer im Marktanteil beschnitten, hat hier noch Konjunktur. Was Abschrift oder Fotokopie leisten müßten, vollbringt sie durch scharfen Schnitt

Der Bibliophile wählt seine Bücher aus,
der Bibliomane häuft sie an.
Charles Nodier

ins Original. Mit ihr trennt der Student das Vorwort aus einer Klassikerausgabe, der Techniker die Zeichnung aus dem Handbuch, der heimliche Genießer die galanten Liebespaare aus der Kunstgeschichte und der Pfarrer den Predigttext aus der homiletischen Zeitschrift. Dieser Diebstahl »zum privaten Gebrauch« eskaliert unterdessen zu einem kommerzialisierten Büchervandalismus; das gestohlene Werk wird zerlegt und seitenweise, vor allem bei Illustrationen, zu stark überhöhten Preisen vertrieben.

Arno Schmidt hat in seinem Roman »Das steinerne Herz« den straffälligen Gebrauch der Rasierklinge in der Deutschen Staatsbibliothek literarisiert. Schmidts Marodeur klebt an die Stelle des herausgeschnittenen Titelblattes das einer anderen Auflage ein. Dieser Mühe unterzog sich der englische Altertumsforscher John Bagford nicht. Wo er nur konnte, stahl er aus Büchern die Titelblätter, ließ sie einbinden und füllte so hundert Bände allein mit diesen. Seiner unrühmlichen Sammlung nahm sich das Britische Museum an.

Der Ex-Priester Jean Aymon raubte Ende des 17. Jahrhunderts der Bibliothek des Königs von Frankreich wertvolle Handschriften und plünderte ein Prunkstück, die Bibel Karls des Kahlen. Der Bibliothekar Nicolas Clément entsetzte sich dermaßen über die Tat seines Schützlings, daß er der Bibliothek seine rund 18 000 Blätter umfassende Porträtsammlung testamentarisch vermachte. Selbst wenn alle Bibliothekare ihren Besitz zusammenwürfen, ergäbe das heutzutage keinen Ausgleich für die Diebstähle in den Bibliotheken.

Im Mai 1982 wurde ein Mann gestellt, der aus Bibliotheken in Düsseldorf, Köln, Wuppertal, Trier und Speyer Bücher im Werte von 1,5 Millionen Mark gestohlen und verkauft hatte. Die Landesbibliothek Luzern meldete 1985 Bücherdiebstähle im Millionenwert. Die Metro Toronto Library, die größe öffentliche Bibliothek Kanadas, muß bei sechs Millionen Bänden Bestand jährlich zwischen 12 000 und 20 000 Bücher ersetzen.

Auch die »kleinen« Diebe, die, unter weiten Jacken, um dünne Waden gebunden, die Hemdbrust stärkend oder unter einen Stapel »eigener Ausarbeitungen« gemischt, Bücher und Zeitschriftenhefte mitgehen lassen, richten großen Schaden an. Manche Leser empört die Kontrolle des Aufsichtspersonals. Sie meinen, man müßte ihnen ansehen, daß sie keine Kriminellen seien. Wie aber der äußere Schein trügt, zeigt der Steckbrief, den ein Bibliotheksdirektor für den potentiellen Bücherdieb entwarf: »... geschliffene Umgangsformen, höflich sowie sauber und korrekt gekleidet, stets freundlich. Meist stellt er sogar zunächst ein gewisses Vertrauensverhältnis zum Aufsichtspersonal her. In vielen Fällen hat er studiert, oft promoviert.«

Entleihung Die Ausleihformen hängen vom Charakter der Bibliothek und der Größe ihres Bestandes ab. Jede Bibliothek bietet einen Teil ihres Bestandes in einem Freihandsystem, also in offenen, jedermann zugänglichen Regalen an. Der Leser leiht sich das Buch direkt aus. Die andere Literatur muß per Leihschein über die Kataloge bestellt und anhand der Standortnummer aus den Magazinen herausgesucht werden. In großen Bibliotheken, bei denen die Bücher, nebeneinandergestellt, eine Länge von 100 und mehr Kilometern ergeben würden, unterstützen Büchertransportanlagen die Ausleihe. Ein mehrteiliger Leihschein dient mit seinen Abschnitten der Bibliothek als Quittung, als Nachweis, in wessen Hand sich das Buch befindet und dem Leser schließlich als Beleg für eine ordnungsgemäße Rückgabe.

Die elektronische Ausleihverbuchung erspart diese aufwendigen manuellen Sortierarbeiten. Das Buch erhält eine Buchkarte oder trägt ein mit dem Buchblock verbundenes Etikett, auf dem die Angaben in maschinenlesbarer Form aufgetragen sind. Zusammen mit dem ebenfalls maschinenlesbaren Benutzerausweis »notiert« sich ein Automat den Ausleihvorgang und sendet die Daten in einen Speicher. Dieses Verfahren ermöglicht auch die automatische Ausschrift von Mahnungen bei überschrittener Leihfrist und bedient die Bibliotheksstatistik mit differenzierten Angaben über Ausleihzahlen, thematische Beschaffenheit der

Es ist eigentümlich, daß die Menschen lieber
die geliehenen Bücher behalten als ihren Inhalt.
Karl Julius Weber

entliehenen Literatur und soziale Zusammensetzung der Leserschaft und ermöglicht Rückschlüsse über den weiteren Bestandsaufbau. Die Registrierung einer Entleihung ist nur der verwaltungsmäßige Akt. Wie bei der Beurkundung einer Eheschließung geht dem einiges voraus – und folgt nach. Je nach dem Anliegen, das eine Bibliothek mit der Ausleihe verbindet, führt sie ihre Leser über Kataloge, individuelle Gespräche, Ausstellungen, Literaturveranstaltungen und Werbemittel an ihren Bestand heran.

Der missionarische Eifer, der den Bibliothekar einer allgemeinbildenden Bibliothek bewegt, hat auch in der Belletristik seinen Widerhall gefunden. Selbst einem Bibliotheksleiter kann die Ausleihe so wichtig sein »wie das tägliche Lesen der Messe für einen Bischof«. (Günter de Bruyn: »Buridans Esel«) Natalja Petrowna in Ilja Ehrenburgs »Der zweite Tag« erregen die »Bestellzettel … wie Briefe«. Wera Ignatejewa in Makarenkos »Buch für Eltern« durchlebt die Ausleihe noch nach Feierabend: »Sie stellte sich die zurückgegebenen Bücher vor, die Gespräche mit dem Leser.« Wen wundert es da, daß der Bibliothekar auch posthum tätig bleibt: Der Bibliothekar »ist Wünschelrutengänger, Schatzgräber, Wegweiser und Gärtner zugleich, er lebt von der Hoffnung, daß die Menschheit sich langsam bessert, nicht heute und nicht morgen, aber doch später einmal – so töricht ist er, obwohl er so viele Bücher gelesen hat. Wenn ein solcher Bibliothekar in die Hölle kommt, wird er dem Teufel noch schnell ein Buch empfehlen, bevor ihn der auf den Bratrost legt, und wenn er ein guter Bibliothekar ist, wird der Teufel über dem Buch das Feuer ausgehen lassen.« (Hansferdinand Döbler: »Ein Achtel Salz«) Ein solcher Bibliothekar wird sich auch Brigitte Reimanns Wunsch nicht verschließen, die am 17. Dezember 1964 in ihr Tagebuch eintrug: »Wenn ich in den Himmel komme, wünsche ich mir eine Wolke, auf der ich in Ruhe schmökern kann, und hunderttausend Bücher ringsum.«

Weniger entlegene Wohngebiete als Hölle und Himmel bereist der Bibliothekar mit Fahrbibliotheken, auch Autobüchereien genannt. Am Arbeitsplatz, am Krankenbett, im Gefängnis, auf hoher See – überall ist Ausleihzeit. Auch zwischen den Bibliotheken besteht ein Fernleihverkehr, über den der Leser sich die gewünschten Bücher an seine Ortsbibliothek bestellen kann. Aus Zeitschriften werden die gewünschten Aufsätze kopiert.

Leider honorieren die Leser nicht in jedem Fall die Freundlichkeit des Bibliothekars mit gleicher Münze. Im Januar 1986 wurde aus Washington gemeldet: Mitarbeiter einer Bibliothek in Harrisburg (Pennsylvania) fanden »am vorletzten Tag des alten Jahres in einem Berg zurückerstatteter Ausleihen auch ein Buch, das irgendwann zwischen 1823 und der Jahrhundertwende ausgeliehen worden war«. Mitte 1985 erhielt das Havervord-College ein Buch als Geschenk, das vor hundert Jahren aus der Bibliothek von Trenton (New Jersey) ausgeliehen worden war. Die Bibliothek von Appleton in Wisconsin führte 1985 den »Amnestietag für säumige Leser« ein, erhielt im ersten Anlauf rund 1000 Bücher, darunter ein seit dem 6. April 1940 ausgeliehenes, zurück.

Zentralmagazin der Bibliothèque Nationale, Paris, Ende 19. Jahrhundert, zeitgenössischer Kupferstich.

Forschungsliteratur Der Begriff Forschungsliteratur schließt literarische Dokumente aller Art ein, die von den Bibliotheken vorwiegend oder ausschließlich für wissenschaftliche Zwecke angeschafft und ausgeliehen werden. Inhaltlich und terminologisch ist diese Literatur auf die Informationsbedürfnisse von Fachleuten ausgerichtet, während die populärwissenschaftliche Literatur ihre Themen einem breiten Leserkreis in einer allgemeinverständlichen Ausdrucksweise nahebringt.

Neben dieser Forschungsliteratur im eigentlichen Sinne gibt es in den Bibliotheken von jeher Literaturgruppen, deren Entleihung an einen Nachweis des wissenschaftlichen Verwendungszwecks gebunden ist und die von Außenstehenden gern als im »Giftschrank« stehend dämonisiert werden.

Seit es Bücher gibt, stößt man sich an deren Inhalt, schützt Zensur das Meinungsmonopol der Herrschenden. Selbst die drastischste Form der Zensur, die Bücherverbrennung, ist schon für das Altertum belegt. Um die Mitte des 4. vorchristlichen Jahrhunderts wurden in Athen die Schriften des Protagoras über die Götter verbrannt. Der chinesische Kaiser Qin Shi Huang ordnete 213 vor Christus eine Bücherverbrennung an. Die Römer führten »censores« ein. Seit 445 bedrohte die Kirche die Verfasser unliebsamer Literatur mit Beuge- und Besserungsstrafen. Der Mönch Girolamo Savonarola verbrannte 1496 öffentlich Dantes »Göttliche Komödie« sowie Boccacios »Decamerone« und endete 1498 selbst auf dem Scheiterhaufen.

Mit der Erfindung des Buchdruckes wuchs die Gefahr mißliebiger Literatur. England führte 1526 die staatliche Regelung für Bücherverbote ein. Wer unter Heinrich VIII. die Obrigkeit literarisch ärgerte, mußte damit rechnen, Ohr und Hand zu verlieren. Das Konzil von Trient befaßte sich mit der Einschränkung der Bücherverbreitung. Unter Papst Paul IV. erschien erstmalig der von der Inquisition verfaßte »Index librorum prohibitorum«, die Liste der für Katholiken, sofern sie nicht der hohen Geistlichkeit angehörten, verbotenen Bücher. Zunächst darauf orientiert, die theologischen Schriften der Ketzer zu bannen, weitete sich der Index generell auf suspekte Ansichten aller Art aus. In der schönen Literatur wurden Themen wie Duell, Selbstmord, Ehescheidung und andere »kirchenfremde« Anschauungen verworfen. In seiner letzten Ausgabe von 1956 umfaßte der Index rund 6000 Titel, darunter ab 1948 Jean-Paul Sartre und ab 1952 André Gide und Alberto Moravia mit allen Werken. 1966 wurde die kirchenrechtliche Verbindlichkeit des Index aufgehoben.

Immer und überall wurde und wird die Literatur von staatlichen, regionalen und lokalen Reglementierungen begleitet. So wie die Schriften des Kopernikus im 19. Jahrhundert aus dem »Index librorum prohibitorum« gestrichen wurden, so konnten auch schöngeistige Schriftsteller mit verspäteter Huld rechnen. Schillers »Räuber« galten als unmoralisch und sittenbeleidigend. Als das Drama in Wien endlich aufgeführt werden durfte, blieb der Satz »Franz heißt die Kanaille« aus Rücksicht auf den Kaiser ungesprochen.

Es war derselbe Kaiser Franz, der am 18. März 1806 ein Generalverbot »gewisser Romane« erlassen hatte. Mit dem Bann wurden belegt:

- »alle schwärmerischen Liebesromane, die bis zu einer den gesunden Menschenverstand tötenden Empfindelei führen«,
- »Genieromane, die für Wildfänge einnehmen, deren Kraftgenie die bürgerlichen Verhältnisse durchbricht«,
- »Gespenster-, Räuber- und Ritterromane, die Roheit und Unglauben erzeugen«,
- »die ganze Gattung, welcher man im verächtlichen Sinne den Namen Roman beilegt«.

Demzufolge hatte auch Goethe solche »Wildfänge« in die Literatur eingeführt. In Wien, München und Dresden wurde »Werther«, in Berlin »Egmont« und in Linz »Faust« verboten.

Das Verbot eines Buches aus Gründen der Politik oder der sogenannten öffentlichen Ordnung hat sich de jure immer nur als eine Zeitstrafe und de facto meist als unwirksam erwiesen. Wäre es anders, hätte die Ausstellung »Censorship – 500 years of conflict«, die von August bis Oktober 1984 in New York gezeigt wurde, ohne Exponate stattfinden müssen. Bereits die Bibliothekare des Mittelalters entwickelten eine Überlebensstrategie für verfolgte Bücher. Verfasser und Titel wurden durch dicken Farbanstrich unkenntlich gemacht oder – die pikantere Methode – einem »als besonders zuverlässig bekannten Autor« unterstellt.

Mancher Bibliotheksleser wächst in seinen wissenschaftlichen Ambitionen über sich hinaus, wenn es um die Ausleihe von Erotica und ihrer verwilderten Verwandten, der pornographischen Literatur, geht. Trotz gesetzlicher Regelungen in den meisten Ländern ist die Bestimmung dessen, was als obszöne Literatur zu gelten hat, ein Zankapfel geblieben. Gustave Flaubert drohte Gefängnis wegen der Unsittlichkeit seines Romans »Madame Bovary«. Der Insel-Verleger Anton Kippenberg mußte sich in den zwanziger Jahren die Beschlagnahme seiner Neuausgabe von Boccaccios »Decamerone« durch einen Leipziger Polizeiwachtmeister gefallen lassen. Im Frühjahr 1984 durchkämmten Sittenwächter die Stadtbücherei Burgdorf bei Hannover und stellten 40 angeblich pornographische Bücher sicher, darunter »Bikini oder die Bombardierung der Engel«, eine amerikanische Untersuchung über die Atombombentests auf dem Bikini-Atoll und kein frivoles Spiel mit Bekleidungswinzlingen. Wo die staatliche Gesetzgebung zu lasch erscheint, schwingen private Vereine das Banner der sittlichen Entrüstung, wie etwa die von amerikanischen Frauenclubs getragene National Organization of Decent Literature. Auf ihrer schwarzen Liste, die auch die Bibliotheksausleihe unterbinden möchte, steht immer noch »Madame Bovary«. Wenn diese Prüderie auch an das Viktorianische Zeitalter erinnert, wo Tischbeine wegen ihrer »Nacktheit« mit Fransen umhüllt wurden, heißt das nicht, daß alles, was beamtete oder freiwillige Zensoren als sittenwidrig einstufen, Weltliteratur ist oder wird. Die Woge von »sex and crime«, die durch die Druckmaschinen gespült wird, gehört zum Sittenbild einer Epoche. Insofern archiviert, wenn überhaupt, eine Bibliothek diese Zeitzeugen für kulturhistorische und soziologische Untersuchungen und nicht zum Zeitvertreib für jedermann.

Geschäftsgang Der bibliothekarische Geschäftsgang ist eine verbale Anleihe bei der hohen Politik, in der Minister ihre Amtsgeschäfte führen und ein Geschäftsträger beileibe kein Ladenbesitzer ist. Dennoch will die Frage nach dem Geschäftsgang einer Bibliothek wissen, ob der Bibliothekar seinen »Laden« in Ordnung hält. Der Geschäftsgang einer Bibliothek meint den Weg (Auswahl, Bestellung, Eingangsverarbeitung, Inventarisierung, Katalogisierung und buchbinderische Bearbeitung), den ein literarisches Dokument in der Bibliothek nimmt, bis es benutzungsreif seinen endgültigen Aufstellungsort erreicht. Der Jahresneuzugang einer großen Bibliothek weist sechsstellige Zahlen auf. Die Neuerscheinungen verteilen sich nicht gleichmäßig auf alle Monate des Jahres und können nicht »über einen Leisten« bearbeitet werden. Dissertationen laufen anders als Musikalien, Kleinschrifttum anders als ein Lexikon usw. Dessenungeachtet steht der Benutzer am Ende des Geschäftsganges, wartet ungeduldig auf »sein« Buch und mißt die Leistungsfähigkeit einer Bibliothek an dieser, für ihn im dunkel liegenden Wegstrecke. Die Bibliothek ohne ihren nervenaufreibenden Geschäftsgang existiert nur als »historische Romanze«, so wie sie Richard Brautigan in »Die Abtreibung« beschrieben hat. Diese »Bibliothek« ist in San Francisco angesiedelt, und ihr »Bibliothekar« ist stets bereit, Bücher entgegenzunehmen von der Art der Mrs. Charles Fine Adams »Wie man bei Kerzenschein in Hotelzimmern Blumen züchtet«, handgeschrieben mit Buntstiften in ein Notizbuch. Die achtzigjährige Dame bringt es nachts um drei, und es wird auch sofort in den »Bibliotheks-Hauptkatalog« eingetragen. Danach erhält sie es zurück; denn es steht dem Autor frei, »es überall in der Bibliothek, wo er nur will, einzustellen, ganz gleich, welches Regal ihm am besten gefällt. Es kommt überhaupt nicht darauf an, wo ein Buch steht, weil nie jemand ein Buch heraussucht und nie jemand zum Lesen kommt.«

Es müßte schlimm zugehen, wenn ein Buch
unmoralischer wirken sollte als das Leben selber.
Johann Wolfgang Goethe

Hörbuch Der Bibliothekar sorgt sich auch um die Menschen, denen zeitweilige oder dauerhafte Gebrechen die Lektüre erschweren oder gar unmöglich machen. Gehbehinderten und immobilen Lesern kommen die Bibliotheken durch Bücherzustelldienste entgegen. Spiegelbrillen helfen Bettlägerigen mit ungünstig fixierter Kopfhaltung. Manche Gehörlose verfügen auf Grund ihrer Bildungsmöglichkeiten nur über einen kleinen, passiv erworbenen Wortschatz. Die für sie gedachte Lektüre knüpft mit einem angemessenen Vokabular und bildlicher Erklärung des Textes an. Großdruckbücher und -zeitschriften (mit Schriftgraden von 12 p aufwärts), die alle literarischen Gattungen bedenken, wenden sich an Sehschwache.

Auch Blinde brauchen nicht auf Lektüre zu verzichten. Das erste Buch, dessen Lettern mit den Fingern abgetastet werden konnten, druckte der Franzose Valentin Haüy im Jahre 1786. Das unhandliche Format und das stark gehemmte Lesetempo führten zu zahlreichen Veränderungen in dieser Linienschrift. Den breiten Zugang der Blinden zur Bildung eröffnete 1825 das von dem französischen Blindenlehrer Louis Braille geschaffene Punktschriftsystem. Braille, selbst blind, stellte die Buchstaben, die Ziffern und Satzzeichen in einem Rechteck mit maximal 6 Punkten in wechselnder Anzahl und Stellung dar. Diese Punktschrift ist mittlerweile in drei Graden gebräuchlich: als Vollschrift mit buchstäblicher Übertragung (Braille I), als Kurzschrift mit Sigelcharakter (Braille II) und als Stenographieschrift mit zwei zusätzlichen Punkten (Braille III).

An die Seite der Bücher in Blindenschrift, die ihre Bedeutung für Schule, Ausbildung und wissenschaftliche Literatur behalten werden, sind die Hörbücher getreten. Sie bilden vor allem Späterblindeten, die die Punktschrift nicht mehr erlernen können, literarische Kommunikation. Hörbücher wurden erstmals 1935 in den USA auf Schallplatte gesprochen. Als Tonbänder sind sie in den entwickelten Ländern verbreitet. Die Hörbüchereien, meist Abteilungen der Blindenbibliotheken, unterhalten eigene Tonstudios, in denen von Berufs- oder Laiensprechern nunmehr fast alle Arten von Literatur in Hörbücher umgewandelt werden, und stellen in einigen Ländern auch die Abhörgeräte zur Verfügung.

Inseltheke Ein Bibliothekar achtet nicht nur streng darauf, was er ausleiht. Auch das Interieur der Ausleihe, Art, Anzahl und Anordnung der Möbel, fügt er in ein pädagogisches Konzept. Noch ehe der Schlager »Der schönste Platz ist immer an der Theke« sich zum verhängnisvollen Ohrwurm mauserte, wurden Generationen von Bibliothekaren in pflichtfröhlicher Absicht unter dieser Losung ausgebildet und erwartungsvoll auf die Ausleihe hinter, vor oder neben der Theke als die Sternstunde des Berufes eingestimmt.

In der Geschichte der Volksbüchereien steht die Thekenausleihe zwischen Schalterausleihe und Freihandaufstellung. Wer hierin nur innenarchitektonische Varianten erblickt, übersieht, daß dies den Weg des Lesers in die Mündigkeit symbolisiert. Der Schalter schaffte vor allem in deutschen Amtsstuben das Fluidum der Distanz. In der Schalterbibliothek sind Ausleihraum, in dem sich der Leser aufhält, und Bedienungsraum, in dem der Bibliothekar wirkt, durch eine von der Schalteröffnung durchbrochene Wand voneinander getrennt. Der Leserwunsch wird am Schalter vorgetragen. Darauf wendet der Bibliothekar dem lesehungrigen Volk den Rücken zu und sucht in seinem »künstlichen Gedächtnis«, dem Buchkartenapparat (die Buchkarte enthält bibliographische und den Inhalt eines Buches betreffende Angaben), das ihm angemessen Erscheinende für den Leser heraus.

In der Thekenbibliothek ist die Trennwand verschwunden. Der Bibliothekar hat den Buchkartenapparat vor sich stehen und schaut dem Leser beratend ins Angesicht. Die Ausleihtheke, meist quer durch den Raum gezogen, dient der Leseranmeldung, der Ausleihverbuchung, der Ausgabe und Rücknahme entliehener Bücher und einigen Verwaltungsarbeiten. Die Freihandaufstellung brachte die endgültige Öffnung zum Volk. Die raumteilende Theke verschwand und verzog mit den nach wie vor notwendigen Ausleiharbeiten an den Rand (Randtheke) oder in den Raum hinein als Inseltheke, wo sie mitten im Strom der Leser steht. Der Buchkartenapparat wich einem dem Leser zugänglichen Katalog. So wurde aus dem amtlichen Gegenüber ein partnerschaftliches Miteinander, das durchaus nicht auf die Ausleihe von Büchern beschränkt bleiben muß. Erich Segals »Love Story« beginnt, als die Beine der Hilfsbibliothekarin Jenny »zum ersten Mal hinter dem Ausleihtisch« hervorkamen. Es muß ja nicht gleich so weit kommen, wie in Shirley Ann Graus Roman »Ein Mädchen aus New Orleans«, wo der Fußboden der Bibliothek zum Bett der Liebenden wird. Diskreter erinnert sich Richarda (Herbert Eulenberg: »Zwischen zwei Männern«) »der zärtlichen Stunde ..., die sie mit Hartwig in der Bücherei gehabt hatte«. Anita Paschke (Günter de Bruyn: »Buridans Esel«), die in der Ausleihe den Mann im Bibliothekar Karl Erp entdeckt, allerdings blitzt ab. Aber Erp hat bereits eine Bibliothekarin als Ehefrau zu Hause und eine Bibliothekspraktikantin als Geliebte in der Bibliothek.

Jugendbuch Den moralischen Zeigefinger, mit dem Autoren des 18. Jahrhunderts begannen, Kinderbücher zu schreiben, bekleiden je nach dem Talent des Schriftstellers farbige literarische Gewänder. Wie jede Literatur, so kennt auch die Kinder- und Jugendliteratur ihre Höhen und Tiefen. Die Backfischidyllen für Mädchen und die kriegsbeflissenen Papierhelden für Knaben, die im 19. Jahrhundert die Szene bevölkerten, schimmern auch heute noch durch modernen Aufputz. Doch sind ihnen die jungen Leser nicht wehrlos ausgeliefert. Bereits 1858 gründete der Schweizerische Lehrerverein eine Jugendschriftenkommission, die in anderen Ländern Nachahmer fand. Die Jugendschriftenbewegung begrenzte »Das Elend unserer Jugendliteratur« (so der Titel einer programmatischen Schrift von Heinrich Wolgast) und strebte nach einer künstlerischen und pädagogischen Alternative.

Das 1951 von Jella Lepman gegründete Internationale Kuratorium für das Jugendbuch (International Board on Books for Young People) bündelt und koordiniert weltweit die Aktivitäten für eine wertvolle Kinder- und Jugendliteratur und gegen jugendgefährdendes Schrifttum. Das Kuratorium fördert die Forschungsarbeit, gibt die Zeitschrift »Bookbird« heraus, verleiht als internationalen Jugendbuchpreis die »Hans-Christian-Andersen-Medaille« und unterhält die Internationale Jugendbibliothek in München.

In vielen Ländern findet diese internationale Initiative eine Entsprechung in Arbeitsgemeinschaften für Kinder- und Jugendliteratur. Auch bei Jugendlichen läßt sich der literarische Geschmack nicht am Schreibtisch oder auf Konferenzen regeln. Nächst dem Elternhaus und der Schule ist hier das Engagement des Bibliothekars gefragt. Vom »Jugendregal« in kleineren allgemeinbildenden Bibliotheken bis zu selbständigen Kinder- und Jugendbibliotheken reicht das altersspezifische Angebot des Bibliothekars, das unter künstlerischen und erzieherischen Aspekten aus dem Gesamtbestand ausgewählt und durch Lesungen, Ausstellungen, illustrierte Verzeichnisse und natürlich auch in persönlichen Gesprächen propagiert wird. Selbst in die Diskotheken geht der Bibliothekar den Jugendlichen nach, wie eine Dresdener »Mitternachtsbiblio-Theke« zeigt.

Seit das Kinder- und Jugendbuch zur Ehre eines Forschungsgegenstandes aufgestiegen ist, interessiert es auch die wissenschaftlichen Bibliotheken. 1951 richtete die Deutsche Staatsbibliothek, Berlin eine Spezialabteilung als »Modellsammlung deutscher und ausländischer Kinder- und Jugendbücher aller Zeiten« ein.

Katalog Jack London lobt in »Das Mondtal« die Leiterin einer Stadtbibliothek, »daß sie es verstand, auf jedes Buch innerhalb von drei Minuten ihre Hand zu legen und zwar ohne so neumodische Hilfsmittel wie Zettelkataloge (der Zettelkatalog stand in einer Ecke herum, als ob er sich schämte, daß es ihn überhaupt gab)«. Indes braucht sich der Zettelkatalog seiner Existenz wahrhaftig nicht zu schämen. Was in systematisch aufgestellten Sammlungen des Mittelalters und in überschaubaren Beständen das Standortgedächtnis des Bibliothekars leisten konnte, ist in größeren Bibliotheken längst auf die Kataloge delegiert.

Der professionelle Bibliotheksbenutzer tritt mit gezielten Anforderungen auf. Er sucht ein bestimmtes Buch eines bestimmten Verfassers in einer bestimmten Auflage. Auf solche Fragen antwortet der Alphabetische Katalog einer Bibliothek, der, wie sein Name sagt, die in der Bibliothek vorhandenen Bücher nach dem Alphabet der Verfasser bzw. bei Vielverfasserwerken (wie etwa Zeitschriften) nach dem Alphabet der Sachtitel verzeichnet. Um ein Buch nicht in der Millionenschar von Katalogeintragungen hoffnungslos untergehen zu lassen, läßt sich der Bibliothekar von einem einheitlichen Regelwerk (→ Ordnungsprinzip) leiten, das er in Auszügen in Form von Merkblättern oder Katalogführern an seine Benutzer weiterreicht.

Die Frage, welche Literatur eine Bibliothek zu einem bestimmten Thema besitzt, beantwortet der Sachkatalog, dessen Anlage von Bibliothek zu Bibliothek verschieden ist. Systematische Kataloge (→ Notation) spiegeln in ihrem Aufbau das Gefüge der einzelnen Wissenschaftsdisziplinen wider, verlangen für eine selbständige Benutzung einen hohen Bildungsgrad. Schlagwortkataloge (→ Schlagwort) verzeichnen die Literatur quer durch die Wissensgebiete in einem Alphabet von Schlagwörtern. Gruppenschlagwortkataloge ordnen die Literatur innerhalb einzelner Fachgruppen nach Schlagwörtern.

In der äußeren Gestaltung wird zwischen Zettel- und Bandkatalog unterschieden. Im Zettelkatalog werden für jedes Werk eine oder auch mehrere Katalogkarten (internationales Format) 7,5 × 12,5 cm) mit den bibliographischen Angaben und der Standortangabe eingestellt. In der Regel sind es die bibliographischen Beschreibungen (→ Titelaufnahme) aus der Nationalbibliographie eines Landes, die, gesondert auf Katalogkarten abgesetzt, von einer zentralen Bibliothek bezogen werden können.

In den Bandkatalog, die ältere Form, werden die Titelaufnahmen handschriftlich eingetragen, manchmal auch gedruckt eingeklebt. Konnte die Produktivität eines Autors nicht richtig abgeschätzt werden oder drängeln sich andere Verfasser im Alphabet dazwischen, gerät der Bandkatalog durcheinander und muß seitenweise neu geschrieben werden. Diesem mißlichen Aufwand sollte der Strumpfbandkatalog, mit nur einer Eintragung auf jeder Seite und das Ganze mit einem Band verknüpft, abhelfen, aber er uferte aus. Durch den Einsatz der elektronischen Datenverarbeitung (→ Computer) erlebte der Bandkata-

Der Bibliothekar. Zeichnung von M. Frischmann.

log eine vorübergehende Renaissance. Die Möglichkeiten des schnellen Sortierens und des computergesteuerten Neudrucks faszinierten. Die Zugangsgrößen einer Bibliothek setzten der Wirtschaftlichkeit Grenzen. Wollte man die Aktualität des Zettelkatalogs erreichen, müßte der Katalog mit großem Papieraufwand ständig neu gedruckt werden. Nur dort, wo der menschenlesbare gänzlich durch den maschinenlesbaren Katalog in Form des elektronischen Speichers abgelöst wird, kann wieder täglich »eingeordnet«, aber nur mit Hilfe einer hohen Anzahl von Bildschirmgeräten mit spezieller Suchstrategie »geblättert« werden. Fraglich bleibt, ob der nur »häppchenweise« auf die Mattscheibe projizierte Katalog noch die Faszination ausübt, mit der ihn Bibliothekar Werner in Ernst Vollenweiders Roman »Die Stadt der Gerechten« seiner Freundin Gianna vorstellt: »Ein Katalog gehört zum Großartigsten, was man sich denken kann ... Stell dir vor: Legionen von Büchern; in allen Sprachen verfaßt, aus vielen Zeitepochen stammend, werden säuberlich in eine Ordnung gebracht und dadurch sichtbar gemacht. Ein Katalog ist das Gehirn der Bibliothek!«

Lesesaal Bücher bevorzugen ein überdachtes Zuhause. So kam auch die Bibliothek in einem Raum zur Welt, der jeweils nach Gesittung und Wohlstand seines Besitzers in Maß und Ausstattung unterschiedlich ausfiel und sich in seinen Möglichkeiten zwischen ausgedientem Pferdestall und prunkvoller Halle bewegte. Feudale Saalbibliotheken erfreuen noch heute das Auge des Touristen. In ihrer räumlichen Einheit von Lese- und Büchersaal standen sie im 19. Jahrhundert der Entwicklung einer wissenschaftlichen Gebrauchsbibliothek im Wege. Der Zustrom von Büchern und Lesern war in einem einzigen Raum nicht mehr aufzufangen.

Ein funktionsgerechter Lesesaal erfordert eine günstige Lage (sowohl vom Leser als auch vom Büchermagazin aus betrachtet), einen bestimmten technischen Standard in Beleuchtung, Belüftung und Beheizung, zweckmäßige Möbel (Arbeitstische und

167

Antonio Panizzi. Karikatur von Apec, 1874.
British Library, London.

Regale) und nicht zuletzt eine wissenschaftlich repräsentative Handbibliothek. Große Bibliotheken konnten sachgerecht darauf nur mit Neubau von Lesesälen reagieren, so wie es die Bibliothek des Britischen Museums 1854 mit der Errichtung ihres Kuppellesesaales tat. In Deutschland dauerte es bis 1906, ehe eine an Alter und Aufgabe vergleichbare Bibliothek, die Königliche Bibliothek in Berlin, nach dem Vorbild des Britischen Museums einen ihr angemessenen Lesesaal mit 370 Arbeitsplätzen und einer Handbibliothek von 15 000 Bänden erhielt.

Der Bau der Deutschen Bücherei in Leipzig 1914 bis 1916 bezog bereits je einen Lesesaal für Bücher und Zeitschriften organisch ein.

Die Lesesaalgestaltung steht immer neuen Anforderungen gegenüber. Die spezialisierten Wissenschaften sind mit ihrer Grundlagenliteratur nicht mehr in einem Lesesaal unterzubringen. Neue Informationsträger sind hinzugekommen. Es geht nicht an, daß im selben Raum Lesegeräte für Mikroformen, Abspieleinrichtungen für audiovisuelle Materialien, Auslegetische für Landkarten und andere sperrige Dokumente neben den Arbeitstischen für die konventionellen Buchleser stehen. Ein Lesesaal muß Konzentration ermöglichen. Die »Ureinwohner« der wissenschaftlichen Bibliotheken, die gestandenen Akademiker, möchten separiert sitzen von den noch ungraduierten Studierenden und ihren flächigen Interessen. Der alte Lesesaal, mit Mühe und Stolz als Versammlungsort für alle Wissenschaftler errichtet, löst sich, soweit die einzelnen Bibliotheken durch An- und Umbauten Schritt halten können, in Fachlesesäle auf, denen in unmittelbarer Nähe und mit gleicher Zugänglichkeit wie dem Lesesaal selbst ein Freihandbestand wichtiger und aktueller Literatur für das jeweilige Wissensgebiet zugeordnet ist. Die Saalbibliothek, nunmehr im Gewande wissenschaftlicher Spezialisierung, ist also wieder auf dem Vormarsch. Die Bibliothek ist eben ein Organismus, in dem nichts endgültig abstirbt.

Die Errichtung von Fachlesesälen bei gleichzeitiger Separierung nach Benutzerkategorien nahm von den USA und der

UdSSR ihren Ausgang. Das amerikanische »Subject Divisional System« basiert auf mehreren Fachlesesälen und den »Reserved Books Reading Rooms« für die Anfangssemester der Studenten. In den wissenschaftlichen Bibliotheken der UdSSR wird nach »Allgemeinen Lesesälen« für Studenten, Arbeiter und Angestellte ohne Hochschulabschluß und nach »Wissenschaftlichen Lesesälen« für Leser mit Hochschuldiplom und Neuerer der Produktion getrennt. Auch in den italienischen Bibliotheken, um ein weiteres Beispiel zu nennen, öffnen sich die »Sale di consultazione« bzw. »Sale di studio« nur Gelehrten und anderen Personen mit Genehmigung des Bibliotheksdirektors, während der »Sala puplica« bzw. »Sala di lettura comune« den übrigen Lesern zur Verfügung steht. In Deutschland wurde die Forderung nach Speziallesesälen auf dem Bibliothekartag 1928 von Georg Leyh offiziell erhoben, aber nur zögernd realisiert. Erst nach 1945 nahm die Einrichtung von Fachlesesälen mit mehr oder weniger großen Freihandmagazinen zu, wobei aber in der Kategorisierung der Benutzer weder das amerikanische noch das sowjetische Vorbild strikt befolgt wurde.

In Universitätsbibliotheken sind die Fachlesesäle am günstigsten in den Sektions-, Fakultäts- oder Institutsbibliotheken untergebracht. Die Bücher sind nach der Systematik des Faches aufgestellt und mit speziellen Standortnummern versehen, die ein ordentliches Zurückstellen ermöglichen. Zur Lesesaalbibliothek gehören Kataloge und ein aufsichtsführender Bibliothekar, der den Bestand nicht nur zu wahren, sondern auch aus seiner Kenntnis der wichtigen Fachliteratur heraus zu mehren hat. Der kundige Leser kann ihm wichtig erscheinende Werke zur Aufstellung im Lesesaal vorschlagen.

Mikrothek Führt der Bibliothekar Besucher durch sein Haus, unterbleibt selten die Frage nach einem besonders »originellen Buch«. Das (als sakrilegischer Nachfahr der Papyrusrolle) auf Toilettenpapier gedruckte, das unter Wasser lesbare, das zum Minikoffer verfremdete oder das herzförmige Buch für Ver-

Es gibt keine häßliche Bibliothekarin.
Die Schönen sind sowieso schön. Aber die nicht landläufig Schönen
haben den Charme und die Anmut des Geistes.
Fred Rodrian

liebte beeindrucken die auf Sehenswürdigkeiten Versessenen. Das im Neuwert teuerste Buch der Welt ist derzeit die Faksimileausgabe (New York 1985) der »Birds of America« (15 000 Dollar, 103 cm hoch, 69 cm breit, 188 kg schwer), die nach dem zwischen 1827 und 1838 erschienenen Original des französischen Vogelzeichners John James Audubon gefertigt ist und mit Vitrine angeboten wird. Die kleinsten unter den »natürlich« (mit Beteiligung eines menschlichen Schriftsetzers) erzeugten Büchern sind die Minibücher, deren Rückenhöhe 100 mm nicht überschreiten darf. Auf dieses Gebot achten mittlerweile Sammler in aller Welt, die sich wie Numismatiker und Philatelisten organisieren und zum Tausch treffen. Die etwas größer geratenen Exemplare werden Midibücher genannt.

Höhere Verkleinerungsgrade einer Buchseite erreicht die Filmtechnik, allerdings um den Preis, daß nur noch mit Hilfe spezieller Geräte gelesen werden kann. Die Mikroreproduktion, bereits seit Jahrzehnten zur Sicherheitsverfilmung und zur Herstellung von Ersatzexemplaren in den Bibliotheken eingesetzt, tritt mittlerweile auch als Originalausgabe auf. Selbst im Computer erzeugte Texte können direkt auf Mikrofilm ausgegeben werden. Bei dem weitverbreiteten Mikrofiche handelt es sich um einen Mikroplanfilm im Format A6, der durchschnittlich 1:20 verkleinert. Die erste Zeile eines Mikrofiches enthält die normallesbaren Angaben zu einer Quelle. Darunter stehen fünf weitere Zeilen mit je 12 Seiten. Auf einem Fiche (franz.: Zettel) in der Größe von 105 mm × 180 mm lassen sich 60 bis 72 Buchseiten unterbringen. Mikrate verkleinern Vorlagen um das Vierhundert- bis Tausendfache. Ein Mikratblatt (90 mm × 120 mm) bringt 10 000 Druckseiten unter und verschafft einem Wälzer Westentaschenformat.

Für miniaturisierte Sammlungen von literarischen Dokumenten und Bildmaterialien wurde der Begriff Mikrothek geprägt. Lediglich für Bibliothekare und Leser sind noch keine raumsparenden Körpermaße als Aufenthaltsbedingung in einer Mikrothek vorgeschrieben.

Notation Der Bibliothekar muß den Inhalt eines Buches nicht nur verstehen, sondern auch kürzelhaft zusammenfassen und in eine logische Beziehung zu anderen Büchern setzen können. In immer neuen Ansätzen haben die Philosophen versucht, das menschliche Wissen und die Erscheinungen in Natur und Gesellschaft zu systematisieren und zu klassifizieren. Der Bibliothekar folgte ihnen darin mit der Aufstellung seiner Bücher, in der die Gelehrten ihr Weltbild wiederfinden wollten. Noch 1747 schrieb Oliver Legipontius, »man müsse schon beim Betrachten einer Büchersammlung die ganze Literaturgeschichte wie in einem Spiegel aufgefangen vor sich sehen«. Dieser Aufstellung verhaftet, entstand der systematische Katalog als Standortverzeichnis. Bei steigender Buchproduktion und laufender Wissenschaftsspezialisierung war eine streng systematische Aufstellung der Bücher nur um den Preis ständigen Umräumens durchzuhalten. Die Bibliothekare entschlossen sich (musterhaft in der Universitätsbibliothek Göttingen 1738–1755, die Nachhut reichte bis ins 20. Jahrhundert) zu einem standortfreien systematischen Katalog. Die Spiegelung des Wissenschaftsgebäudes war nun auf diesen Katalog delegiert und nicht mehr der Anordnung der Bücher im Regal aufgebürdet. Generationen von Bibliothekaren versuchten, die nach Menge und Inhalt ausufernde Literatur durch ein präzises und zugleich flexibles System zu disziplinieren. So veröffentlichte 1888 Otto Hartwig sein »Schema des Realkatalogs der kgl. Universitätsbibliothek zu Halle a. d. S.« mit 20 Hauptgruppen, das amerikanische Bibliotheken beeinflußte. Übernationalen Einfluß erlangte die sowjetische Bibliothekarisch-Bibliographische Klassifikation (BBK). Durch fortschreitende Untergliederung der Hauptgruppen solcher Ordnungssysteme entsteht ein feinmaschiges Gefüge, in dem bestimmte Themen bestimmten Sachstellen entsprechen. Weil eine verbale Beschreibung zu aufwendig wäre, werden solche Ordnungssysteme in allen ihren Einzelheiten durch Symbole widergespiegelt. Der dem Buch zugrundeliegende Sachverhalt wird durch eine Notation (Buchstaben- oder/und Ziffernsymbole) mit der

173

Lesesaal der Bibliothek des British Museum, London.

entsprechenden Sachstelle des Systems gekennzeichnet. Hinter dem Titel »QL 696.C9« der Kriminalerzählung von Anthony Boucher versteckt sich kein Kauderwelsch von anderen Sternen, sondern eine Notation der Library of Congress in Washington, nach der viele amerikanische Bibliotheken ihre Literatur sachlich katalogisieren. Schrittweise aufgelöst, heißt diese Notation im Klartext: Q = science (Wissenschaft), QL = zoology (Zoologie), QL6 = wildlife (wildlebende Tiere) und schließlich noch QL696.C9 = swifts (Mauersegler). Und genau an der Stelle hinterläßt in dieser Erzählung das Mordopfer einen Hinweis auf die Täterin.

Amerikanischen Ursprungs ist auch die vom Bibliothekar Melvil Dewey 1873 geschaffene (erstmals 1876 veröffentlichte) Dezimalklassifikation, die einen enormen Ausbau erfahren hat und heute als die amerikanische Form (DDK) und weltweit, vor allem im naturwissenschaftlich-technischen Bereich, als Universale Dezimalklassifikation (UDK) angewendet wird. Ihre Notation beruht auf der Dezimalteilung: 10 Hauptgruppen, die immer weiter – theoretisch bis zur Unendlichkeit – unterteilt werden können. Dazu kommen noch Anhängezahlen für Sprachen, Orte usw. Am praktischen Beispiel demonstriert: eine Broschüre über das Eisenbahnwesen in Brandenburg in den Jahren 1850 bis 1859 in niederdeutscher Sprache abgefaßt, erhält nach der UDK die Notation 385 (431.5) »185« (041) = 31.

Diese Notation setzt sich zusammen aus:

385	Eisenbahnwesen
(431.5)	Brandenburg
»185«	1850
(041)	Broschüre
= 31	niederdeutsche Sprache.

Ordnungsprinzip Wenn das Sprichwort Ordnung als das halbe Leben ausgibt, dann ist sie für eine Bibliothek das ganze. In den Büchermagazinen, in den Katalogen, in der Ausleihe und diversen Karteien gibt Ordnung erst der Menge Qualität. Diese Ordnung wird durch formale und sachliche Prinzipien oder durch eine Mischung von beiden hergestellt. Die gebräuchlichsten formalen Ordnungsprinzipien sind das Alphabet (alphabetische Ordnung) und die Zahlen (enumerative Ordnung).

Die alphabetische Ordnung des Bibliothekars bringt Wörter der natürlichen Sprache in die Reihenfolge des Alphabets, wohlgemerkt Wörter und nicht die einzelnen Buchstaben. Jeder Wortzwischenraum signalisiert einen neuen Anfang, ist wie ein vor »a« gedachter Buchstabe zu bewerten. Das kürzere Wort ordnet vor dem längeren, also »Nie wieder Krieg« vor »Niederwild«. Dabei werden, wenn sie am Anfang der Wortfolge stehen, bestimmte (der, die, das) und unbestimmte (ein, eine) Artikel samt ihren Deklinationsformen und fremdsprachigen Äquivalenten (z. B. im Englischen the und a, an) in der alphabetischen Ordnung übergangen. Die Sachtitel »Der Tag erwacht« werden unter »Tag erwacht« und »Ein Uhr nachts« unter »Uhr nachts« (weil mit einem Artikel zeichengleiches Zahlwort) eingeordnet. Durch die Übergehung der Artikel vermeidet der Bibliothekar die Konzentration der Sachtitel an wenigen Einordnungsstellen.

Verfasserschriften werden unter dem Namen ihrer Autoren und innerhalb dieser nach dem Alphabet der Werktitel, differenziert nach einzelnen Ausgaben, geordnet. Bei Wörtern mit gleicher Buchstabenfolge ordnet zuerst der Verfassername, dann der Körperschaftsname, danach der Sachtitel.

In ein Beispiel gebracht, ergibt das bisher Gesagte folgendes Ordnungsbild:

O Schatz, ich muß dich lassen
O schöne Welt
Ohne Ziel und Weg
Oschatz, Hermann
Oschatz: Haushaltplan der Stadt Oschatz
  (Rat der Stadt als Urheber)
Oschatz (Sachtitelschrift, z. B. ein Stadtplan).

Benutzt man alphabetische Kataloge in Bibliotheken deutschsprachiger Länder aus der Zeit vor 1975, so ist zu beachten, daß bei Sachtiteln nicht das Prinzip der natürlichen Wortfolge, sondern ein grammatikalisches Prinzip für die alphabetische Ordnung gilt. Erstes Ordnungswort eines Sachtitels ist dort das zuerst auftretende Substantivum regens, also das erste unabhängige Hauptwort. Das bewirkt, daß die Schrift: »Hundert Jahre sächsische Schrebergärten« unter »Schrebergärten, sächsische, Jahre, hundert« im Alphabetischen Katalog zu finden ist.

Die natürliche Zahl als Ordnungsprinzip tritt meist in Kombination mit anderen Ordnungselementen auf. Große Bibliotheken magazinieren ihren Bestand nach der laufenden Nummer (numerus currens) und schalten dabei Eingangsjahr, Format, Sachgruppe oder Dokumentenart oder eine Kombination aus diesen Elementen als Ordnungsgruppe vor.

Patriotica In seinem Ordnungssinn ist der Bibliothekar unentwegt am Einteilen. Nur wenn er die mannigfaltigen Sorten von Literatur an einen Begriff geschmiedet hat, sieht er sich seiner Sache gewachsen. Die Land und Leuten gewidmete Literatur nimmt er davon nicht aus. Ob und mit welcher inhaltlichen Ausdehnung sich Patriotica als Sammelbegriff für Schriften, die zu einem Land in einer noch nicht hinreichend definierten Beziehung stehen, durchsetzt, ist noch ungewiß. Manche Begriffe des Bibliothekars halten sich seit der Antike. Andere sind kometenhaft aufgestiegen und ebenso schnell wieder erloschen, wenn sie das Wesen der Sache nur angestrahlt, aber nicht zum Leuchten gebracht haben oder die Sache selbst sich nicht behaupten konnte.

Maximal sind im Begriff Patriotica alle Güter der literarischen Kultur eines Landes (die Autoren des Vaterlandes) und alles, was irgendwo über dieses Land geschrieben wird, vereinigt. Die Minimalisten verstehen darunter nur die Literatur über Land und Leute. In nationaler Ausprägung begegnen wir dem Sammelbegriff als Germanica, Polonica, Russica usw. Da »patria«

Es sind die Bibliotheken,
die das Gedächtnis der Menschheit darstellen.
Sie bilden unser Bewußtsein.
Günter Weisenborn

schon im alten Rom nicht nur das Vaterland, sondern auch die Vaterstadt, den Verwaltungsbezirk oder andere geographische Einheiten meinen konnte, schließen die Patriotica auch nationale Substrukturen ein und erscheinen als Bavarica (für Bayern), Bohemica (für Böhmen), Prussica (für Preußen), Saxonica (für Sachsen) usw. In manchen Ländern wird zwischen nationalsprachigen und fremdsprachigen Patriotica unterschieden. So bearbeitet die Deutsche Bücherei in Leipzig eine laufende »Bibliographie fremdsprachiger Germanica«.

Querlesen In Robert Musils Roman »Der Mann ohne Eigenschaften« fragt General Stumm einen Mitarbeiter der Wiener Hofbibliothek, wie er sich denn in diesem »Tollhaus« von Büchern zurechtfinde. Musil, 1911 bis 1914 Bibliothekar der Technischen Hochschule Wien, läßt seinen Kollegen antworten: »Weil ich keines lese.« General Stumm wird belehrt, daß das Geheimnis aller guten Bibliothekare darin bestehe, nur Titel und Inhaltsverzeichnisse zu lesen, weil »wer sich auf den Inhalt einläßt, ist als Bibliothekar verloren! ... Er wird niemals einen Überblick gewinnen.« Isaak Casaubonus, bis 1610 Bibliothekar der Bibliothèque du Roi in Paris, wird von seinem Biographen Mark Pattison gerügt, daß er durch seine Lektüre die eigentlichen Berufspflichten, nämlich Bestandsordnung und Katalogisierung, vernachlässigt habe. Auch heute noch achten Bibliotheksleiter streng darauf, daß sich Bibliothekare nicht in der Lektüre verlieren.

Henry Richard Tedder hat sich neben anderen Zunftgenossen an dem Satz »The librarian who reads is lost« gestoßen und erklärt, daß »keine noch so umfangreiche Lektüre dem Bibliothekar schade, wenn er sie nur außerhalb seiner Dienststunden betreibe«. Ein Bibliothekar kann gar nicht zuviel wissen, wenn auch mehr auf Breite als auf Tiefe orientiert. Würde er jedes Buch vollständig lesen, um über dessen Erwerbung oder Klassifizierung zu entscheiden, gäbe es keine Großbibliotheken. Daher muß er eine Fertigkeit im Querlesen oder Diagonallesen

Man liest manches Buch mit einem Gefühl,
als ob man dem Verfasser ein Almosen erteilt.
Friedrich Hebbel

oder Anlesen, wie es noch heißt, besitzen, um den hauptsächlichen Inhalt eines Buches und seine Gestaltung zu erfassen.

Recherche Seit es den Beruf gibt, ermittelt der Bibliothekar Literatur und sucht in ihr nach bestimmten Angaben. Recherche ist ein »Lehnwort« aus der Information und Dokumentation, die darunter die »organisiert betriebene Nachforschungstätigkeit nach und Ermittlung von Informationen zur Deckung eines erfragten oder bekanntgegebenen Informationsbedarfs« versteht. Die bibliothekarische Informationstätigkeit – von den Informationsterminologen als »traditionelle Recherche« apostrophiert – erfolgt in mündlicher und schriftlicher Form und erstreckt sich auf die Bibliotheksbenutzung, bibliographische Informationen, Fundortnachweise, Sachinformationen, Literatur- und Bibliothekspropaganda. Dazu unterhalten die Bibliotheken Auskunfts- oder Informationsabteilungen, was aber keinesfalls das übrige Bibliothekspersonal von dieser Aufgabe ausschließt. Die Fragen, mit denen sich ein Leser an eine Bibliothek wendet, sind weder in der Form (mündlich, schriftlich, telefonisch – präzise bis völlig verdreht) noch in der Thematik festlegbar. Der Bibliothekar übernimmt bei seiner Antwort nur die Gewähr für den Nachweis in der Literatur, nicht aber für die sachliche Richtigkeit der dort niedergelegten Aussage. Insofern verbieten sich ihm medizinische oder juristische Ratschläge. Sucht jemand Namen und Adresse seiner Tante, von der er nur weiß, daß sie nach Hinterödberg verzogen, einen Fleischermeister mit Vornamen Wilhelm geheiratet hat und ermittelt der Bibliothekar die gewünschten Personalien in einem Branchenfernsprechbuch, so besagt diese Auskunft nicht gleichzeitig, daß die Metzgerei noch steht und der Fleischer die Tante noch liebt.

Nicht jede Anfrage ist so klar (und natürlich auch nicht so ausgefallen) wie die nach besagter Tante. Was für den Arzt die Differentialdiagnose, ist für den Bibliothekar das Auskunftsinterview, aus dem sich dann das eigentliche Begehren des Fragestellers herauskristallisiert.

In einer Bibliothek mit mehreren Millionen Bänden liegt die Zahl der jährlichen ernsthaften Auskünfte bei Hunderttausend. Der Bibliothekar wartet nicht nur auf Fragen. Er empfiehlt aus eigenem Antrieb Literatur durch bibliographische Verzeichnisse, durch Ausstellungen, Lesungen und andere werbende Veranstaltungen in und außerhalb der Bibliothek.

Schlagwort Das Schicksal, durch eine einleuchtende sprachliche Verknappung eines vielschichtigen Sachverhalts eine Vergröberung der inhaltlichen Aussage herbeizuführen, teilt das bibliothekarische Schlagwort mit seinen Namensvettern aus anderen Gewerken, nur in der Mehrzahlbildung trennen sich die Wege. Der Bibliothekar gebraucht Schlagwörter, nicht Schlagworte, jedenfalls nicht dann, wenn er sie zur Ordnung in Katalogen und bibliographischen Verzeichnissen einsetzt. Im Unterschied zur Systematisierung, die vom Allgemeinen in verschiedenen Stufen zum Besonderen vorgeht, bildet das Schlagwort einen Inhalt direkt ab. Ein Buch, »Die am Schreibtisch ersonnene Fee«, das von Kunstmärchen der deutschen Romantik handelt, würde bei einer systematisierten Abbildung seines Inhalts ungefähr folgende Denkschritte erfordern: Sprache und Literatur – Literatur – Literaturwissenschaft – Gattungslehre – einzelne literarische Gattungen – Epik – einzelne epische Gattungen – Märchen – Kunstmärchen – Geschichte des Kunstmärchens – einzelne Nationalliteraturen – deutsche Literatur – einzelne Epochen – Romantik. Das gleiche Buch erhielte das Schlagwort »Kunstmärchen«. Die alphabetisch geordneten Schlagwörter zerreißen zwar den sachlichen Zusammenhang innerhalb einzelner Fachgebiete, eröffnen aber durch diese formale Anordnung auch demjenigen Zugang zur Literatur, der sich in der Systematik der Wissenschaft nicht genau auskennt.

Das mit dem Schlagwort oft verwechselte Stichwort ist ein Hauptsinnwort des Sachtitels und bezieht sich nur auf diesen. Unser Sachtitel »Die am Schreibtisch ersonnene Fee« würde die Stichwörter »Schreibtisch« und »Fee« auslösen. Das Stichwort,

Wer zwei Paar Hosen hat, mache eine zu Geld
und schaffe sich diese Bücher an.
Georg Christoph Lichtenberg

vor allem in Registern zu bibliographischen Verzeichnissen auftretend, ist eine Hilfe zur Wiederauffindung eines Buches. Erfahrungsgemäß haften, wenn auch oft verstümmelt, die »Hauptsinnwörter« eher im Gedächtnis als Verfassernamen und vollständiger Sachtitel. Das Stichwort hilft bei der Suche nach einem bestimmten Buch, ohne daß auch dessen Inhalt bekannt sein müßte. Stechen und Schlagen sind also auch bei friedlicher Absicht zwei verschiedene Tätigkeiten.

Titelaufnahme Im 19. Jahrhundert entstanden in mehreren Ländern Katalogisierungsregeln, die den Bibliothekaren die Titelaufnahme, die Beschreibung eines literarischen Dokumentes (bibliographische Beschreibung ist der moderne Ausdruck) für Kataloge, bibliographische Verzeichnisse und andere Literaturzusammenstellungen verordneten und der mehr oder weniger ausführlichen Abschrift der Titelseiten, in der sich Wesentliches mit Unwesentlichem mischte, ein Ende setzten. Die Regeln verlangen Autopsie (Beschreibung anhand des Buches) und legen fest, welche Angaben in welcher Reihenfolge der Veröffentlichung zu entnehmen und als Titelaufnahme zu formen sind. In der Hauptsache handelt es sich dabei um die Angabe des Verfassers und anderer beteiligter Personen, des Sachtitels, des Erscheinungsvermerks (Ort, Verlag, Erscheinungsjahr) und des Umfanges. Die Titelaufnahme ist sozusagen der »Personalausweis« für eine Veröffentlichung, mit dessen Angaben eine einwandfreie Identifikation möglich ist. Die Erstveröffentlichung dieser Daten übernimmt die Nationalbibliographie eines Landes. Die IFLA (International Federation of Library Associations – Internationaler Verband der Bibliothekar-Vereine) bildete 1969 eine Arbeitsgruppe zu einer internationalen Vereinheitlichung des Textes der Titelaufnahme. Es entstand die »International Standard Bibliographic Description« (ISBD), die auch den internationalen Austausch bibliographischer Daten befördern soll. Standardisiert ist auch die Ordnung der Titelaufnahmen untereinander (→ Ordnungsprinzip).

Universalbibliothek Unter Universalbibliothek versteht der Bibliothekar keine Bibliothek des Universums, wie sie in des Bibliothekars Jorge Luis Borges' Erzählung »Die Bibliothek von Babel« anklingt, sondern eine Literatursammlung universeller, also nicht begrenzter Thematik. Die mystische Überhöhung ist ihr sofort genommen, wenn man sie als wissenschaftliche Allgemeinbibliothek bezeichnet. Zentrale wissenschaftliche Allgemeinbibliotheken sind National- und Staatsbibliotheken, die für ein Staats- oder Sprachgebiet die Literatur sammeln und erschließen und in der Regel auch für das nationale Bibliothekswesen zentrale Funktionen ausüben. Regionale wissenschaftliche Allgemeinbibliotheken nehmen diese Aufgaben für eine bestimmte Region (Bundesland, Bezirk oder ähnliche Verwaltungseinheiten) wahr. Zu den wissenschaftlichen Allgemeinbibliotheken gehören auch die Universitätsbibliotheken, die entsprechend der Vielfalt der an einer Universität vertretenen Fachrichtungen die Literatur sammeln und erschließen.

Die wissenschaftliche Fachbibliothek, verschiedentlich auch als Spezialbibliothek bezeichnet, ist eine Bibliothek, die mit ihrem Bestand den Literaturbedarf *eines* Faches abzudecken versucht und dabei auch sehr spezielles Schrifttum, das die wissenschaftlichen Allgemeinbibliotheken nicht sammeln, aufbereitet. Eine Hochschulbibliothek ist die Bibliothek einer Fachhochschule, also auch auf ein Studiengebiet orientiert, wobei notwendigerweise die Literatur von Grundlagenwissenschaften und benachbarten Fächern Berücksichtigung finden muß, aber eben nur insoweit, wie es dieses Fach erfordert.

Verweisung Verweisungen sind ein Beispiel berufsverpflichteter Freundlichkeit des Bibliothekars und treten in Katalogen und bibliographischen Verzeichnissen in vielfältiger Form auf, immer bestrebt, den Benutzer von einer Suchstelle, von der er meint, sie sei die richtige, zu dem Ort, wo er fündig wird, zu führen. Schreibweise und Namensform von Schriftstellern weichen oft voneinander ab, insbesondere, wenn sie aus einer

Sprache mit nichtlateinischem Alphabet übersetzt worden sind. Folgte der Bibliothekar der lautgetreuen Wiedergabe der Buchstaben, wie sie auf den Titelblättern der Bücher stehen, würden aus einem Schriftsteller oft mehrere Personen. Der Bibliothekar verwendet für die Wiedergabe ein eigenes System, die buchstabengetreue Umschreibung (Transliteration) und hilft mit diakritischen Zeichen (Punkte, Striche, Häkchen), anhand von Transliterationstabellen nach, wenn ein Buchstabe im lateinischen Alphabet nicht vorkommt.

Viele Schriftsteller schreiben unter einem oder mehreren Pseudonymen. Der Bibliothekar bringt ihre Werke an einer Stelle und verweist von den anderen Namensformen. So ist die Dissertation »Jude und Judentum im Werk Rembrandts«, 1924 an der Universität Heidelberg eingereicht, nicht als einzige Veröffentlichung einer gewissen Netty Reiling im Katalog stehen geblieben, sondern unter der einige Jahre später berühmt gewordenen Anna Seghers zu finden.

In Sachkatalogen und Sachregistern führt die Verweisung von sinngleichen (synonymen) und verwandten Begriffen auf den vom Bibliothekar bevorzugten Terminus.

Waschzettel Seinem Ursprung nach ist der Waschzettel eine kurze und sachliche Information über Inhalt und Zweck eines Buches, den der Verleger den für Zeitungen und Zeitschriften bestimmten Rezensionsexemplaren beilegte. Auf ihm wurden sozusagen die »Goldkörner« aus den Büchern herausgewaschen. Breitenwirkung verschaffte sich der Waschzettel, als er sich ab 1904 nach einer Erfindung des Verlegers Langewiesche auf dem nach innen umgeschlagenen Teil des Schutzumschlages eines Buches niederließ. Dieser Klappentext charakterisiert den Inhalt, zitiert Urteile über das Buch und stellt den Autor vor. Information verbindet sich mit Werbung, wobei im Zeitalter der gezielten Bestsellermache manches aus dem Inhalt herausgewaschen wird, was sich bei der Lektüre als Katzengold erweist. Liefert der Verlag einen seriösen Klappentext, dann klebt ihn der

Bibliothekar in das Buch als Übersichtsinformation ein, vertraut aber mehr den eigenen Rezensionsorganen mit berufsspezifischen Buchbesprechungen.

Xerographie Die 1938 von Chester F. Carlson erfundene Xerographie (Trockenschrift), die auf Lösungsmittel (und damit auf Nachbehandlung der Kopien) verzichtete und die lichtelektrische Leitfähigkeit des Fotohalbleiters Selen nutzte, hat sich in den Bibliotheken als die reprographische Dienstleistung für die Benutzer durchgesetzt. Sie ermöglicht schnell eine originalgetreue Kopie aus einem literarischen Dokument. Die Bibliotheken halten sich dabei an die Berner Übereinkunft zum Schutz von Werken der Literatur und Kunst (erstmals 1886 abgeschlossen, letzte Fassung vom 20. Juni 1968) und gestatten nur Vervielfältigungen zum persönlichen Gebrauch.

Yankee Doodle Jeder dienstbeflissene Bibliothekspförtner wird einen Benutzer bei der Frage nach »Yankee Doodle«, bestärkt durch die Assoziation »dudeln«, flugs an die Musikabteilung verweisen. Mit Hilfe seiner Spezialkataloge und musikbibliographischer Verzeichnisse wird nun der Musikbibliothekar nachweisen können, daß der Text dieses zeitweilig sogar als Nationalhymne gesungenen Liedes aus dem amerikanischen Unabhängigkeitskrieg 1755 nach einer englischen Volksweise entstand und wo es zu finden ist.

Handgeschriebene und gedruckte Musikalien, sogenannte Musica practica oder, volkstümlich gesprochen, Noten gehören seit langem zum Sammelgut der Bibliotheken von Klöstern, Schulen und Residenzen, wo sie für Aufführungs- und Archivzwecke aufbewahrt wurden. Seit 1953 wird das in Bibliotheken und anderen Musikaliensammlungen vorhandene Notenmaterial durch ein »Répertoire international des sources musicales« (RISM) auf Initiative des Internationalen Verbandes der Musikbibliotheken (Association internationale des bibliothèques musicales – AIBM) erfaßt.

Xerox. Cartoon von Eberhard Holz, 1987.

Die Musikbibliotheken sammeln und erschließen außer gedruckten Musikalien die musikwissenschaftliche Literatur, die schon erwähnten Musikhandschriften, sowie Briefe und Autographen von Musikern, Nachlässe von Komponisten, Interpreten und Musikwissenschaftlern, Textbücher zu Musikdramen, Schallplatten, Tonbänder und weitere mit Musik befaßte Dokumente. In vielen Universalbibliotheken existieren Musikabteilungen mit ähnlicher Aufgabenstellung. Zu den wohl ältesten Gründungen dieser Art zählen die Musikabteilungen des Britischen Museums in London (1770), der Library of Congress in Washington (1815), der heutigen Österreichischen Nationalbibliothek in Wien (1829). Musikbibliotheken, die der unmittelbaren Aufführungspraxis dienen, existieren in Theatern, bei Orchestern, im Rundfunk, in Verlagen und in Schulen.

Zimelie Jede Bibliothek ist stolz auf ihre Rara, behütet sie in einer Sondersammlung oder räumt ihnen anderweitig eine exklusive Stellung ein. Es gibt geborene und gewordene Rara. Als rar von Geburt an gilt ein Buch mit einer limitierten Auflage unter 50 Exemplaren. Nach Schätzungen entstanden in der Zeit der Wiegendrucke (von Gutenbergs Erfindung bis 1500) in 1100 Druckereien, verteilt auf etwa 260 europäische Städte, 40 000 Werke in zehn Millionen Exemplaren. Dennoch ist jedes von ihnen eine Rarität geworden. Tritt zur Seltenheit eines Druckwerkes eine hervorragende buchkünstlerische Gestaltung, dann nennt es der Bibliothekar in Anlehnung an die Bezeichnung für ein wertvolles Stück des Kirchenschatzes eine Zimelie. In der barocken Saalbibliothek waren diese Prunkstücke stets gegenwärtig. Als sich Anfang des 19. Jahrhunderts von Italien ausgehend (theoretisch begründet durch Leopoldo della Santa) die Dreiteilung der Bibliothek in Leseräume, Diensträume und Magazin durchsetzte, entschwanden auch die Zimelien den Augen der Öffentlichkeit. Rührige Bibliothekare suchten nach einem Ausgleich und veranstalteten ständig oder doch zu wechselnden Themen eine Zimelienschau auf beschränktem Raum. Erst der

Ein schönes Buch ist vor allem ein vollkommenes Lesewerkzeug,
das durch die Gesetze der menschlichen Optik bestimmt wird.
Es ist aber zugleich ein Kunstwerk, eine Sache persönlichen Charakters.
Paul Valéry

moderne Bibliotheksbau bezieht Ausstellungen in seine Konzeptionen ein. Die drangvolle Enge in den wissenschaftlichen Bibliotheken und der noch unterentwickelte literaturpädagogische Antrieb führten dazu, daß Buchmuseen, denen nicht nur an einer Zimelienschau, sondern am gesamten Buchwesen und der mit ihm verbundenen Gewerbe lag, zunächst außerhalb der Bibliotheken entstanden. In Leipzig gründete der »Centralverein für das gesamte Buchgewerbe« am 29. Oktober 1884 das »Deutsche Buchgewerbemuseum«. Es begann als eine berufskundliche Bildungsstätte und entwickelte sich über Jahrzehnte hinweg trotz Zerstörung im zweiten Weltkrieg zu einem buchkundlichen Fachmuseum, das sich mit der Herstellung, Gestaltung und Ausstattung sowie dem Gebrauch und der Wirkung des Buches in der Gesellschaft im kulturhistorischen Zusammenhang befaßt. Seit 1950 gehört es als Abteilung »Deutsches Buch- und Schriftmuseum« zur Deutschen Bücherei. Ähnliches, unterschiedlich nach Entstehung und Ausmaß, vollzog sich an anderen großen Bibliotheken.

Am Nachschub schöner Bücher wird es auch in Zukunft nicht mangeln. In vielen Ländern laufen Wettbewerbe um die schönsten Bücher des Jahres. 1978 würdigte die 20. Generalkonferenz der UNESCO die Buchkunst und forderte ihre Mitgliedstaaten in einer Resolution auf, die traditionellen internationalen Buchkunstausstellungen mit den besten Beispielen ihrer nationalen Buchkunst zu unterstützen.

Ein Wort danach

Als einzelner leistet der Bibliothekar nicht mehr und nicht weniger für die Menschheit als andere in ihren Berufen auch. Das Besondere, das der bibliothekarische Beruf in die Geschichte einträgt, ist wohl das unablässige Bemühen, das Gedächtnis der Menschheit für Einsichten zu kultivieren, die ein würdiges Weiterleben sichern helfen. Der Bibliothekar erntet, was andere gesät haben, fährt es prüfend in seine Scheuer ein, ordnet und bewahrt und hält es zu neuer Aussaat bereit. Er ist Nehmender und Gebender zugleich. In dem, was er nimmt und gibt, liegt seine Aktivität, in dem, wie er nimmt und gibt, seine Kreativität. Ohne ihn gäbe es keine Bibliotheken. Die Zeugnisse der literarischen Kultur hätten sich längst verflüchtigt. Er verhinderte zu allen Zeiten, daß Vergangenheit vergessen und Gegenwart nur als statische Größe begriffen wird. Der Bibliothekar ist guter Geist und schlechtes Gewissen in einem – und dabei auch nur ein Mensch, und als solcher sollte er hier zwischen einer stark gerafften Geschichte der Bibliotheken und einer ebenso kursorischen Umschau auf Mittel und Methoden seiner Arbeit einer interessierten Öffentlichkeit vorgestellt werden.

Anhang

Literatur

(Um den Charakter dieses Buches zu schonen, verzichtet der Verfasser auf Fußnoten und nennt aus räumlichen Gründen die benutzte Literatur nur in einer Auswahl. Für spezielle Quellennachweise steht er gern zur Verfügung.)

Bader, Karl: Lexikon deutscher Bibliothekare: im Haupt- u. Nebenamt bei Fürsten, Staaten u. Städten. – Leipzig: Otto Harrassowitz, 1925. – 295 S. – (Zentralblatt für Bibliothekswesen; Beih. 54)

Beiträge zur bibliothekarischen Ethik aus der Volksrepublik Ungarn / hrsg. von Dieter Schmidmaier. – Freiberg: Wissenschaftliches Informationszentrum der Bergakademie Freiberg, 1979. – 66 S. – (Veröffentlichungen des Wissenschaftlichen Informationszentrums der Bergakademie Freiberg; 83)

Classified Library of Congress subject headings / ed. by James G. Williams; Martha L. Manheimer; Jay E. Daily. – 2. ed. – New York; Basel: Marcel Dekker, 1982. – 361; XII, 759 p. – (Books in library and information sciences; 39)

Ebert, Friedrich Adolf: Die Bildung des Bibliothekars. – 2. umgearb. Aufl. – Leipzig: Steinacker u. Wagner, 1820. – 68 S.

Funke, Fritz: Buchkunde: e. Überblick über d. Geschichte d. Buch- u. Schriftwesens. – 2., verb. u. erw. Aufl. – Leipzig: Verlag für Buch- u. Bibliothekswesen, 1963. – 324 S.

Handbuch der Bibliothekswissenschaft / begründet von Fritz Milkau. – 2., verm. u. verb. Aufl./ hrsg. von Georg Leyh. – Wiesbaden: Otto Harrassowitz. – Bd. 3. Geschichte der Bibliotheken. – 1. Hälfte. – 1955. – XVI, 850 S.; 2. Hälfte. – 1957. – XIII, 928 S.

ISBD (G): General International Standard Bibliographic Description: annotated text / prep. by the Working Group on the General Standard Bibliographic Description set up by the IFLA Committee on Cataloguing. – London: IFLA International Office for UBC, 1977. – X, 24 S.

Kroller, Franz: »Ein Buch, das, wenn geworfen, tödlich ...«: Über die Grenzen d. intellektuellen Freiheit. – In: Biblos. – Wien 35 (1986) 1, – S. 75–82
Kunze, Horst: Zum Berufsbild des Bibliothekars und seiner Ausbildung. – In: Kunze: Alles für das Buch. – Leipzig: Bibliographisches Institut, 1976. – S. 378–390
Lexikon des Bibliothekswesens / hrsg. von Horst Kunze u. Gotthard Rückl unter Mitarb. von Hans Riedel u. Margit Wille. – 2., neubearb. Aufl. – Leipzig: Bibliographisches Institut, 1974. – 1040 Sp.; Sp. 1041–2112
Leyh, Georg: Die Bildung des Bibliothekars. – Kopenhagen: Ejnar Munksgaard, 1952. – 131 S. – (Library researchs monographs; 3)
Milde, Wolfgang: Studien zu Lessings Bibliothekariat in Wolfenbüttel (1770–1781): Bücherausleihe u. Büchererwerbung. – In: Lessing Yearbook. – München 1 (1969). – S. 98–125; 2 (1970). – S. 162–180
Mühle, Wolfgang: Einführung in die Bibliotheksgeschichte: Lehrbrief. – Berlin: Humboldt-Universität, Institut für Bibliothekswissenschaft u. wissenschaftliche Information, 1975–76. – 129 S.; S. 130–251
Nestler, Friedrich: Friedrich Adolf Ebert und seine Stellung im nationalen Erbe der Bibliothekswissenschaft. – Leipzig: Bibliographisches Institut, 1969. – 206 S. – (Zentralblatt für Bibliothekswesen; Beih. 84)
Paszkowski, Wilhelm: Der Bibliothekar. – Leipzig: C. Banges Verlag, 1902. – 27 S. – (Mein künftiger Beruf; 63)
Paunel, Eugen: Goethe als Bibliothekar. – In: Zentralblatt für Bibliothekswesen. – Leipzig 63 (1949) 7/8. – S. 235–269
Ráth-Végh, István: Die Komödie des Buches. – 3. Aufl. – Leipzig; Weimar: Kiepenheuer, 1984. – 339 S.
Regeln für die Alphabetische Katalogisierung (RAK) / hrsg. vom Bibliotheksverband d. Dt. Demokrat. Republik, Komm. für Katalogfragen ... – Berlin, 1979. – Bd. 1–4; Nachtr.
Roloff, Heinrich: Lehrbuch der Sachkatalogisierung. – 5. Aufl. – Leipzig: Bibliographisches Institut, 1978. – 236 S.
Schwarz, Helga: Neue technische Entwicklungen und ihr Einfluß auf die Zukunft der Bibliotheken. – In: Bibliothek: Forschung u. Praxis. – München 9 (1985) 2. – S. 127–140
Steudtner, Kurt: Über Leibniz als Bibliothekar. – In: Über Bücher, Bibliotheken und Leser: ges. Beiträge zum 60. Geburtstag von Horst Kunze. – Leipzig: Bibliographisches Institut, 1969. – S. 207–218

Abbildungsnachweis

Archiv Edition Leipzig 35, 38, 42, 79, 123, 124
Bibliographisches Institut, Leipzig 76, 81
Biblioteca Laurenziana, Florenz/ Fotos: Guido Sansoni 25, 37
Bibliothèque Nationale, Paris 155
Bodleian Library, Oxford 46
Börsenblatt für den Deutschen Buchhandel, Frankfurt a. M. 184
British Library, London 167, 173
Cathedral Library, Herford 36
Deutsche Bücherei / Fotos: Marion Wenzel, Leipzig 18, 27, 28, 54, 61, 73, 82, 106, 165, Frontispiz
Deutscher Taschenbuch Verlag, München 12
Fitzwilliam Museum, Cambridge 58
Germanisches Nationalmuseum, Nürnberg 93
Gutenberg-Museum, Mainz / Foto Popp 31
Herresbach, Heinz, Treuenbrietzen 65
Herzog August Bibliothek Wolfenbüttel 118, 119, 121
Museum für Kunsthandwerk, Frankfurt a. M. Einband, 101
Nationale Forschungs- und Gedenkstätten der klassischen deutschen Literatur, Weimar 95
Niedersächsische Staats- und Universitätsbibliothek, Göttingen 52/53
Österreichisches Archäologisches Institut, Wien 19, 21
Österreichische Nationalbibliothek, Wien Schutzumschlag, 43
Petri, Joachim, Mölkau 44, 59
Sächsische Landesbibliothek, Dresden, Abt. Deutsche Fotothek 127
Sammlung Georg Schäfer, Schweinfurt 96
Sammlung Simon Emmering, Amsterdam / Foto: Marion Wenzel, Leipzig 32
Schweizerische Landesbibliothek, Bern 63
Skoklosters Slott, Bålsta 69
Staatliche Kunstsammlungen Dresden, Kupferstich-Kabinett 139
Staatliche Museen zu Berlin, Vorderasiatisches Museum 6
Stadt- und Universitätsbibliothek, Frankfurt a. M. 30, 105
Württembergische Landesbibliothek, Stuttgart 45, 50, 87, 89, 111, 112, 113, 115
Zentralbibliothek Zürich, Graphische Sammlung 41

Ein Teil der Abbildungen wurde aus nachfolgenden Büchern bzw. Zeitschriften übernommen:

Bogeng, G. E. A.: Die großen Bibliophilen. – Leipzig, 1922. – Bd. 2 106
Masareel, Frans: Die Sonne: 63 Holzschnitte. – München, 1927 Frontispiz
Schrettinger, Martin: Versuch eines vollständigen Lehrbuchs der Bibliothek-Wissenschaft. – München, 1829. – Bd. 1 54
Simplizissimus. – München 32 (1927/28) 165

Personenregister

Die geradstehenden Zahlen verweisen auf Textseiten, die kursiven auf Bilder.